vegetarisch basisch gut

vegetarisch basisch gut

Schlank und vital mit 100 einfachen basischen Rezepten

Natasha Corrett
Vicki Edgson

Fotografiert von
Lisa Linder

AT Verlag

Von Tash: Ich widme dieses Buch meiner besten Freundin Laura, die mich tagtäglich von Neuem inspiriert, und meinen Eltern, die mich bei jedem Schritt auf meinem Weg unterstützt haben.

Von Vix: Ich widme dieses Buch meiner lieben Freundin Karen, die mich als Erste darauf brachte, wie wichtig und für ihre Gesundheit entscheidend ein besseres Verständnis einer ausgewogenen Ernährung für Vegetarier ist.

Inhalt

Die verwendeten Symbole (siehe dazu Seite 11)

♥♥♥ extrem basisches Nahrungsmittel oder Gericht
♥♥ sehr basisches Nahrungsmittel oder Gericht
♥ basisches Nahrungsmittel oder Gericht
vegan

Unsere Geschichte, unsere Leidenschaft

Am Tag ihrer Geburt lernte ich Natasha kennen – als ihre Taufpatin. Seitdem wuchs unsere Freundschaft mit jedem Jahr. Mit Interesse verfolgte Tash meine Karriere im Bereich Ernährung und Wellness, während sie sich auf den Gebieten der Spiritualität, Ganzheitlichkeit und Naturheilkunde ausbildete. Hinzu kam ihre Begeisterung für gutes Essen – ihre Geschmacksknospen wurden schließlich schon seit frühester Kindheit durch ihren Vater, einen französischen Gastronomen, geschult.

Wir teilen beide die Leidenschaft für gutes Essen aus hochwertigen Zutaten. Im Mai 2009 fanden wir beruflich zusammen. Mit einigen Freunden hatte Tash für drei Tage ein großes Anwesen gemietet, mitten auf dem Land, an der Grenze zwischen Wiltshire und Dorset. Als im letzten Moment der mit dem Haus angeheuerte Koch abgesprungen war, beschloss Tash kurzerhand, selbst als Koch einzuspringen. Und sie brachte in den folgenden Tagen die köstlichsten vegetarischen Gerichte auf den Tisch, die ich jemals probiert hatte; das Wochenende wurde ein voller Erfolg – insbesondere die Mahlzeiten versetzten alle in Begeisterung. Das Erstaunlichste an ihren Gerichten war die Tatsache, dass sie aus den vermeintlich einfachsten Zutaten bestanden, und doch war jede Mahlzeit frisch, aromatisch, raffiniert und einfach unwiderstehlich.

Auf vielseitigen Wunsch rief sie darauf »Fridge Fill« ins Leben – einen Heimservice, der jeweils am Montagabend Frühstück, Mittagessen, Abendessen und Snack für drei Tage lieferte. Die zugrundeliegende Idee war, dass man sich so wenigstens an drei Tagen in der Woche gesund ernährte und so etwas für seine Gesundheit tat. Außerdem würden die Kunden so lernen, auch sonst, im Restaurant, unterwegs oder im Supermarkt, bewusster auszuwählen und bewusster zu essen. Tash war fest davon überzeugt, auf diese Weise die Essgewohnheiten der Nation verändern zu können – in kleinen Schritten und von Kunde zu Kunde weitergetragen.

»Organic where it matters«, »Bio, wo's drauf ankommt«, wurde zum Motto, das sich in Windeseile verbreitete. Harrods lud Tash ein, ihre Produkte vorzustellen. Sie verbrachte ein ganzes Wochenende damit, Gerichte zu kochen, Holzkisten mit ihrem Logo zu bemalen, sie mit Stroh zu füllen und ihre Produkte darin zu arrangieren, als kämen sie frisch vom Feld – es sah göttlich, verführerisch und ganz einfach köstlich aus! Ihre Präsentation vor den Einkäufern von Harrods war ein voller Erfolg. Das war der Moment, als ich als Investor in ihr Geschäft mit einstieg.

Es folgten hektische Wochen, viele Meetings und eine Menge harter Arbeit in der Küche, um den strengen Auflagen der Kaufhäuser und Supermarktketten gerecht zu werden. Uns wurde klar, dass dies etwas ganz anderes war, als »nur« für Freunde und Privatkunden zu kochen. Die Gesundheits- und Sicherheitsstandards der Lebensmittelindustrie sind sehr streng (was auch völlig richtig ist), und wir mussten viel lernen.

Interessanterweise verkauften wir schließlich nie bei Harrods, denn Harvey Nichols und Selfridges bekamen Wind von unserer Firma und machten uns verlockende Angebote. Im Juli 2011 starteten wir unter viel Jubel von Freunden und Verwandten den Vertrieb unserer Produkte in der Londoner Lebensmittelabteilung von Selfridges. Die Kunde der »ausgezeichneten, leckeren vegetarischen Gerichte« verbreitete sich schnell, und wir bekamen Anfragen von vielen Feinkostgeschäften, Läden und Märkten.

Tash und ich stehen voll und ganz hinter unserer Marke – die Bedeutung von wirklich echten Lebensmitteln kann gar nicht hoch genug eingeschätzt werden angesichts der Flut von Fertiggerichten und genmanipulierten »Anti-Lebensmitteln«, angesichts der Zunahme von Fettleibigkeit und Diabetes, angesichts der steigenden Kosten im Gesundheitswesen die durch Erkrankungen verursacht werden, die wir vermeiden könnten, wenn wir die Nahrung so zu uns nähmen, wie es die Natur vorgesehen hat – nämlich in ihrer simpelsten Form.

Wir unterstützen, wo immer möglich, saisonale Produkte aus regionaler Erzeugung und vermeiden Müll, indem wir unseren Kunden vermitteln, wie sie mit Lebensmitteln klug und nachhaltig umgehen. Wir machen einen großen Bogen um alles, was auch nur im Entferntesten gentechnisch verändert sein könnte, und wählen stets naturbelassene Zutaten oder eine sichere Alternative dazu.

Wir sind der festen Überzeugung, dass gute Nahrung günstig sein kann. Doch ohne das Wissen um die Zubereitung gesunder Gerichte aus naturbelassenen Grundzutaten sind viele Menschen auf teure Lebensmittel und Gerichte angewiesen, die ohne Liebe und Sorgfalt in Großküchen zubereitet wurden. Mit Liebe und Sorgfalt zubereitete Nahrungsmittel schmecken eindeutig besser! Es beginnt auf der Zunge, wird im Magen absorbiert und nährt schließlich den innersten Kern unseres Wesens. Lebensmittel dienen in erster Linie der Ernährung, sie sind weder Bestrafung noch Belohnung. Lebensmittel sollten bewusst und in Ruhe eingenommen werden. Und beim Essen sollte man sich klar machen, was die Nahrung für einen selbst und seine Gesundheit bedeutet. In der heutigen hektischen Zeit essen wir allzu oft zwischen Tür und Angel, auf dem Sprung, vor dem Computer – und gehen davon aus, dass unser Verdauungsapparat schon irgendwie damit klarkommen wird. Wir realisieren nicht, dass unsere Verdauungsstörungen, unsere aufgeblähten Bäuche, unsere Verstopfung eine direkte Folge der unachtsamen Nahrungsaufnahme sind. Daher möchten wir Sie ermutigen: Nehmen Sie sich Zeit fürs Essen, versammeln Sie sich mit Familie und Freunden um den Tisch und lernen Sie die wunderbaren Kostbarkeiten auf Ihren Tellern zu schätzen.

In diesem Buch verbinden wir unsere Kocherfahrung mit wichtigem Ernährungswissen. Wir möchten Sie in Ihre Küche locken und dazu inspirieren, auszuprobieren und zu genießen, zu köcheln und zu brutzeln. Wir möchten jeden Einzelnen von Ihnen einladen, dem schlichten Grundsatz zu folgen und aus frischen, naturbelassenen Zutaten Nahrung für Körper und Seele zuzubereiten.

Bon appétit!

Tash & Vix

Die Grundlagen ausgewogener Ernährung

Wir werden heute mit Diäten, die sich gegenseitig widersprechen oder gar widerlegen, regelrecht bombardiert. Wir kennen die Vorteile der Low-Carb/High-Protein-Diät (nämlich garantierter Gewichtsverlust ohne Risiko), wissen aber andererseits, dass uns der Verzicht auf eine wichtige Lebensmittelgruppe letztlich und auf Dauer unzufrieden macht.

Was wir brauchen und was wir in diesem Buch vermitteln wollen, ist eine ausgewogene Ernährung, die alle drei Lebensmittelgruppen in ihrer natürlichsten, reinsten Form angemessen berücksichtigt: Kohlenhydrate, Eiweiße und Fette (siehe auch Seite 12). Nur so ist sichergestellt, dass unser Körper alle wichtigen Nährstoffe bekommt, die er täglich und in jedem Moment zur Energiegewinnung, zur Heilung und für Reparaturprozesse benötigt.

Die Vorteile der basenbetonten Ernährung

Wie oft spielt Ihre Verdauung verrückt, wie oft leiden Sie nach Mahlzeiten unter Völlegefühl, weil Sie zu viel, zu fett oder zu schwer Verdauliches gegessen haben? Auch Tee oder Kaffee helfen dann nicht. Und Alkohol belastet den Verdauungsapparat in diesen Situationen nur zusätzlich. Doch genau so sieht die Ernährung im 21. Jahrhundert für viele aus – und inzwischen weiß man, dass sie mitverantwortlich ist für die großen Volkskrankheiten, die rasant zunehmen: Diabetes, Herzerkrankungen und Krebs.

Viele beliebte Lebensmittel bilden im menschlichen Körper Säure. Während des Verdauungsprozesses entstehen Säurerückstände, die ins Blut übergehen. Zu diesen Lebensmitteln zählen Fleisch, Milchprodukte und industriell hergestellte Lebensmittel aller Art, einschließlich Zucker und industriell gefertigte Backwaren (es geht hierbei also nicht, wie man fälschlicherweise meinen könnte, um sauer schmeckende Lebensmittel). Kleine Mengen von säurebildenden Lebensmitteln sind nicht schädlich, doch auf Dauer belasten sie Nieren und Leber. Beide Organe benötigen als Säurepuffer bestimmte Mineralstoffe wie Magnesium, das die Säure neutralisiert.

Viel besser für den Verdauungsapparat und den pH-Wert des Blutes (der sich zwischen 7,35 und 7,45 bewegt) ist eine vorwiegend basische Ernährung. Die vegetarischen Rezepte dieses Buches zielen darauf ab, basische Lebensmittel in einem ausgewogenen Verhältnis zu kombinieren. Schon nach wenigen Wochen werden Sie feststellen, dass Sie schlanker und besser aussehen, dass sich Ihr Gedächtnis und Ihre Konzentrationsfähigkeit verbessern, dass Sie mehr Energie besitzen und deutlich besser schlafen.

Eine basische Ernährung umfasst frische, möglichst naturbelassene Lebensmittel wie biologisch erzeugte Vollwertprodukte, wenig Fleisch, kleine Mengen Hülsenfrüchte und Vollkornprodukte, viel Obst und Gemüse. Letzteres kann roh, leicht gedämpft oder in Form von Sprossen verzehrt werden, die einen hohen Eiweißgehalt aufweisen.

Was ist säurebildend, was basisch?

Vielleicht stellen Sie erstaunt fest, dass viele Ihrer täglichen Nahrungsmittel in höchstem Maße säurebildend sind (siehe Tabelle gegenüber). Sie müssen nicht rigoros alle säurebildenden Lebensmittel aus Ihrem Speiseplan streichen, sollten aber zumindest weniger davon und dafür mehr basische Lebensmittel essen, sodass unter dem Strich ein »basischer Saldo« entsteht (siehe Seite 15 und 25).

Stark säurebildend	Mäßig säurebildend	Basisch (basenbildend, alkalisch)
STÄRKEREICHE GETREIDE- UND GEMÜSE Frühstücks-Cerealien (industriell hergestellt), Weizen, glutenhaltiges Brot und Nudeln, Bohnen (Kidney- und weiße), Kichererbsen, getrocknete Erbsen, Erdnussbutter	STÄRKEREICHE GETREIDE- UND GEMÜSESORTEN Buchweizen, Hafer, Hirse, Linsen, Mais, Quinoa, Reis (braun und weiß), Roggen, Süßkartoffel	STÄRKEREICHE GETREIDE- UND GEMÜSE Gerste, Hirse, Limabohnen, Sojabohnen (Edamame, frisch oder getrocknet), Sojalecithin
		FRÜCHTE Ananas, Apfel, Aprikose, Avocado, Beeren (alle), Birne, Datteln, Feigen, Grapefruit, Kirschen, Limette, Mango, Melone (Cantaloupe- und Wassermelone), Oliven, Orange, Papaya, Pfirsich, Rosinen, Rhabarber, Sultaninen, Tomaten (roh), Trauben, Zitrone, Zwetschge
		NICHT-STÄRKEHALTIGE GEMÜSE Alfalfasprossen, Algen, Artischocken, alle Blattsalate, Blumenkohl, grüne Bohnen, Brokkoli, Brunnenkresse, Chicorée, Endivie, frische Erbsen, Grüngemüse (Sommer- und Wintersorten), Grünkohl, Karotte, Keimsprossen, Knoblauch, Kohlrabi, Kokosnuss, Kürbis, Lauch, Löwenzahn, Mangold, Meerrettich, Paprika, Pilze, Radieschen, Rettich, Rote Bete/Rande (einschließlich Blätter), Sauerampfer, Sellerie, Spargel, Spinat, Steckrüben, Weizengras, Zwiebel
FETTE, ÖLE UND ESSENZIELLE FETTE Kuhmilchprodukte (einschließlich Milch, Butter, Käse, Joghurt, Rahm und Eiscreme), geklärte Butter (Ghee), Olivenöl	FETTE, ÖLE UND ESSENZIELLE FETTE Borretschöl, Leinöl, Sesamsamen und -öl, Sonnenblumenkerne und -öl, Fenchelsamen, Flachssamen, Koriandersamen, Kümmel, Kürbiskerne, Cashewnüsse, Erdnüsse, Haselnüsse, Macadamianüsse, Paranüsse, Walnüsse, Feta, Halloumi	FETTE, ÖLE UND ESSENZIELLE FETTE Mandel- und Kokosöl
EIWEISSE Rind, Lamm, Schaf, Schwein, Kaninchen, Hühnchen, Gans, Ente, Pute, Fisch, Schellfisch, Eier, Samen (gekocht), Gelatine		
GETRÄNKE UND GEWÜRZE Alle Sorten Alkohol, Kaffee, Cola-Getränke, kohlensäurehaltiges Mineralwasser, Zucker, Schwarztee, Tonic Water		GETRÄNKE UND GEWÜRZE Kokoswasser (frisch), Kräutertees (außer Früchtetees, da diese beim Trockenprozess Schimmelpilzsporen entwickeln können), Mandelmilch, Sojamilch, destilliertes Wasser, Ziegenmilch (roh), Zitronenwasser; Agavensirup, Apfelessig, Cayennepfeffer, Chilischoten, Honig (roh), Ingwer, alle Kräuter (frisch), Kreuzkümmel, Kurkuma, Limettenblätter, Senf, Senfkörner, Meersalz, Meeresalgen (einschließlich Chlorella, Seetang/Kelp, Spirulina, Wakame), Tamarisauce, Zitronengras

Anmerkung: In diesem Buch finden auch säurebildende Lebensmittel wie Leinsamen, brauner Reis oder Quinoa Verwendung. Wir führen sie unter den »basischen« Lebensmitteln auf (siehe Seite 11 sowie 16ff.), weil ihr Nährstoffgehalt so hoch ist, dass sie in Kombination mit einer großen Menge basischer Zutaten in einem Gericht dennoch vorwiegend basisch wirken.

Was bedeutet basisch?

Man unterscheidet zwei Arten von basischen Lebensmitteln: zum einen die, welche basisch (alkalisch) verdaut werden. Darüber hinaus gibt es Nahrungsmittel, deren Asche nach der Verbrennung basische (alkalische) Salze enthält; das bedeutet, dass sie beim Zusammentreffen mit den Verdauungsenzymen im Mund, Magen und Dünndarm basisch werden. Alle diese Lebensmittel werden als »basenbildend« bezeichnet. Kurioserweise sind dies oft Lebensmittel mit saurem Geschmack wie Zitronen und Limetten. Trotz ihres sauren Geschmacks sind sie aber nicht säurebildend, sondern in hohem Maße basenbildend (siehe Tabellen Seite 16ff.).

Alle Nahrungsmittel werden im Verdauungsprozess zu einer Art Flüssigkeit aufgespalten, die anschließend durch die Darmwand in das Blut absorbiert wird. Die in jedem Nahrungsmittel enthaltenen Mineralstoffe bestimmen darüber, ob das entsprechende Lebensmittel eher basisch oder eher sauer ist. Ganz allgemein gilt: Je höher der Gehalt an Kalium, Magnesium, Kalzium, Natrium, Zink, Kupfer und Eisen, desto basischer das Nahrungsmittel.

Alle vegetarischen Nahrungsmittel wie Gemüse, bestimmte Obstsorten, Nüsse, Samen, Hülsenfrüchte und Vollkornprodukte enthalten vorwiegend basische Mineralstoffe und wirken basisch, während tierische Produkte, fermentierte und koffeinhaltige Lebensmittel sowie alle industriell verarbeiteten und gebratenen Nahrungsmittel säurebildend sind.

Das ph-Spektrum

Der pH-Wert zeigt an, wie sauer bzw. basisch eine Substanz ist. Im Magen herrscht ein pH-Wert von 1; Ammoniak besitzt einen pH-Wert von 14. Nahrungsmittel und Getränke bewegen sich in einem pH-Spektrum zwischen 3 und 9. Je höher der pH-Wert eines Nahrungsmittels (siehe unten), desto basischer ist es.

DEN PH-WERT TESTEN

Den in Ihrem Körper herrschenden pH-Wert (also das Säure-Basen-Verhältnis) können Sie über Speichel oder Urin mit einem speziellen Indikatorpapier (erhältlich in Apotheken) messen. Urintests sind womöglich genauer, Speicheltests jedoch schneller und einfacher. Lassen Sie sich von Ihrem Apotheker beraten. Beachten Sie: Mit einem Urin-Teststreifen können Sie keinen Speichel testen.

Urintest – Der pH-Wert des Urins variiert je nach dem Grad der Dehydrierung und der Menge säurebildender Lebensmittel im Körper. So verändern beispielsweise Alkohol und Koffein den pH-Wert des Urins deutlich, weil sie dehydrierend wirken und dadurch den Nieren mehr abverlangen, um die Säure zu puffern. Sammeln Sie Mittelstrahl-Urin, tauchen Sie den Teststreifen ein und bestimmen Sie Ihren pH-Wert anhand der Farbveränderung. Ein gesunder Urin-pH-Wert liegt zwischen 6,5 und 7,25.

Speicheltest – Der pH-Wert des Speichels variiert je nachdem, was Sie in den vorangegangenen Stunden gegessen und getrunken haben. Regen Sie zuerst 30 Sekunden lang durch Zungenbewegungen den Speichelfluss an, schlucken Sie diesen Speichel hinunter, wiederholen Sie diesen Vorgang zweimal und legen Sie erst dann den Teststreifen auf Ihre Zunge. Anhand der Farbveränderung bestimmen Sie dann den pH-Wert. Ein gesunder Speichel-pH-Wert liegt zwischen 6,5 und 7,5.

Basische Lebensmittel

Lebensmittel sind unterschiedlich basisch; wir unterteilen sie daher in drei Gruppen (siehe unten). Im Rezeptteil dieses Buches wird jedes Rezept nach seiner basischen Wirkung bewertet, sodass Sie für eine ausgewogenere Ernährung gezielt Gerichte auswählen können, die säurebildende Lebensmittel neutralisieren.

Extrem basisch: pH 8,5 bis 9 ♥♥♥

Agar-Agar, Artischocke, Avocado, Blumenkohl, Brokkoli, Brunnenkresse, Cayennepfeffer, Fenchel, alle Gemüsesäfte, Grapefruit, Grünkohl, Kiwi, Lauch, Limette, Melone, Meeresalgen und Seegras, Rosinen, Spargel, Spinat, rohe Tomaten, Trauben, Umeboshi-Pflaumen, Zitrone

Sehr basisch: pH 7,5 bis 8 ♥♥

Alfalfasprossen, Apfel, Apfelessig, Aprikosen, Bambussprossen, feste Bananen, Birne, Blattsalat, grüne Bohnen, Daikon-Rettich, Dattel, Erbsen, Feigen, Guave, Karotte, Kartoffel, Kohl, Kohlrabi, Kürbis, Mais, Mango, Nektarine, Okra, Papaya, Pastinake, Pfeffer, Pfirsich, Rote Bete (Rande), Sellerie, Steckrübe, Tamari

Basisch: pH 7 ♥

Amaranth, Ananas, Aubergine, alle Beeren, Gerstenmalz, Gurke, Hirse, Kastanien, Keimsprossen, Kirschen, Kokosnuss (Fleisch und Wasser), Mandeln, reife Oliven, Olivenöl, Pickles, Pilze, Rettich, Rosenkohl, Sesamkörner, Sojabohnen, Sojamilch, Tempeh, Tofu, Tomaten (gekocht), Essig (alle außer Apfelessig, siehe oben), Ziegenmilch (roh), Zwiebel

Die Lebensmittelgruppen

Oft herrscht Verwirrung darüber, zu welcher Gruppe ein Lebensmittel zählt: zu den Kohlenhydraten, den Eiweißen oder den essenziellen Fetten? Im Folgenden erfahren Sie einfach und leicht verständlich, wie die Lebensmittelgruppen funktionieren.

Die verschiedenen Arten von Kohlenhydraten

Von den drei Lebensmittelgruppen ist jene der Kohlenhydrate die größte; alles Obst, fast alle Gemüse sowie alle Getreidearten gehören zu dieser Kategorie. Kohlenhydrate werden im Verdauungsprozess zu Glukose aufgespalten und liefern Energie, die entweder sofort für physische und mentale Aktivitäten benötigt oder aber in Form von Glykogen in Muskeln und Leber gespeichert wird, bis man sie braucht. Die tägliche Nahrungsversorgung ist wichtig, um sowohl körperlich als auch geistig rege zu bleiben. Und wer sich schon einmal im Fitness-Center richtig verausgabt oder an einem Marathon teilgenommen hat, weiß, wie es sich anfühlt, wenn einem wortwörtlich die Energie ausgeht – dann nämlich tun die Muskeln nicht mehr, was der Kopf ihnen sagt. Deshalb »tanken« Marathonläufer einen bis zwei Tage vor dem Einsatz reichlich Kohlenhydrate. Im täglichen Leben passiert es (außer bei einer Unterversorgung) seltener, dass einem die Energie ausgeht. Dann wird der Körper auf der Suche nach Energie die Fettspeicher anzapfen. Wenn uns Heißhunger befällt, sagt uns unser Körper damit, dass sich seine Glukosespeicher leeren. Dann sollte man schleunigst etwas essen, bevor die Konzentration oder die körperlichen Kräfte nachlassen.

Die verschiedenen Gruppen von Kohlenhydraten haben jedoch noch eine Vielzahl weiterer Funktionen und werden auch unterschiedlich verdaut.

Getreide und Körner liefern essenzielle Energie

Alle Körner- und Getreidesorten (Gerste, Buchweizen, Hirse, Hafer, Quinoa, Reis, Roggen) enthalten viele Vitamine der B-Gruppe, die wichtig für die Energieproduktion auf Zellebene sind. Jede Körperzelle (insbesondere die Muskelzellen) enthält eine Art kleines Kraftwerk, Mitochondrien genannt, das Glukose aufspaltet und in Energie verwandelt. Je mehr Sport man treibt, desto mehr Mitochondrien entwickeln sich pro Zelle und desto besser kann Energie gespeichert und genutzt werden. Dies ist einer der Gründe, weshalb sich fitte Menschen wohl fühlen – sie sind sozusagen wandelnde Energiebündel. Also: Raus aus dem Sessel und Bewegen!

Körner und Getreide enthalten außerdem eine Vielzahl essenzieller Mineralstoffe, die für die Aktivität der Muskeln (z. B. den Herzschlag wie auch Laufen oder Joggen), für die Atmung, die Immunabwehr, den Stoffwechsel und die Reparatur der Körperzellen benötigt werden. Ohne Versorgung mit dieser Art von Kohlenhydraten müsste der Körper seine eigenen Fettreserven und schließlich die Muskelmasse angreifen. Fett zu verbrennen, um

Energie zu gewinnen, ist natürlich möglich, es handelt sich dabei aber um einen »schmutzigen« Treibstoff, der nur durch ein sehr hohes Maß an Antioxidantien neutralisiert werden kann. Daher fühlt sich auch ein schneller Gewichtsverlust nicht sehr gut an. Es ist viel gesünder und nachhaltiger, Fett langsam abzubauen. Auf der anderen Seite verlangt ein superfitter Sportlerkörper wie der eines Marathonläufers die richtigen Körner und Getreidesorten, um sicherzustellen, dass wertvolle Muskelmasse nicht schneller angegriffen und abgebaut als aufgebaut wird, was wiederum zu Lasten der Ausdauer ginge.

Auch die mentale Fitness hängt von dieser Art der Energieproduktion ab. Man geht davon aus, dass das Gehirn bereits für seine ganz normale, alltägliche Funktion rund 70 Prozent der Energie verbraucht, die dem Körper in Form der vor allem aus Kohlenhydraten gewonnenen Glukose zugeführt wird. Wenn man in einer Vorlesung sitzt, Auto fährt, ein Gespräch führt oder einen Vortrag hält, kann der Energiebedarf auf 85 bis 90 Prozent der eingelagerten Glukose ansteigen – deshalb greift man auch nach einer geistigen Anstrengung nach etwas Essbarem; die Energiespeicher sind erschöpft. Vielleicht stellen Sie fest, dass Sie sich besser auf dieses Kapitel konzentrieren können, wenn Sie dazu eine Banane oder ein paar Haferkekse essen.

Viele neuere Reduktionsdiäten beruhen auf einem weitgehenden oder vollständigen Verzicht auf Stärke; das bedeutet, dass der Körper Muskelmasse abbauen muss, sobald die Fettspeicher erschöpft sind. Denken Sie nur an die ausgemergelten, anorektischen Körper, die wir in den Modemagazinen und auf den Laufstegen dieser Welt zu sehen bekommen. Diese Körper mögen zwar dünn sein, aber gesund sind sie keinesfalls! Wir brauchen Kohlenhydrate! Deshalb enthalten viele der Rezepte in diesem Buch Körner und Getreide, seien es Salate, Brot oder Suppen – sie sind der Energielieferant schlechthin.

Einfach oder komplex – das ist die Frage

Ob in ungemahlener Form (zum Beispiel als Hafer oder Hirse in Müsli, als brauner oder roter Camargue-Reis in Risotto oder Quinoa in pikanten oder süßen Gerichten) oder in gemahlener Form in Nudeln, Brot und Crackern, Vollkorngetreide ist die komplexe Form des Korns – unverändert und unverfälscht. Die Vollkornvariante enthält immer das ganze Korn, einschließlich wertvoller Fasern, Vitamine und Mineralstoffe. Seit Jahrtausenden ist dies eine der Grundlagen des Lebens.

Die mehrfach gemahlenen, gebleichten und zusätzlich raffinierten Getreidesorten wie weißes Weizenmehl, geschälter Reis und Weißbrot hingegen enthalten einfache Kohlenhydrate. Handelsübliche Frühstücksflocken schmelzen förmlich auf der Zunge, weil sie keine echten Fasern oder Ballaststoffe mehr enthalten. Industriell gefertigte Kekse und Backwaren bekommen erst durch Unmengen von Zucker, Süßstoffen und anderen Zusatzstoffen ihren Geschmack. Aus ihnen wurde wortwörtlich alles Gute herausgepresst; sie haben keinen Nährwert zu bieten. Deshalb kann man auch kaum mehr aufhören zu essen, wenn man die Kekspackung einmal angebrochen hat – unser Körper sucht verzweifelt nach etwas, das er in Energie umwandeln kann. Ganz anders fühlt es sich dagegen an, wenn man ein, zwei Scheiben nahrhaftes und sättigendes Pumpernickelbrot isst. Sie erkennen sofort, warum Vollkornprodukte und komplexe Kohlenhydrate die richtige Wahl sind.

Obst und Gemüse liefern schnell Energie

Auch Obst und Gemüse fallen in die Gruppe der Kohlenhydratlieferanten; sie liefern besonders schnell Energie. Denken Sie nur daran, wie rasch eine Banane oder ein Apfel Kraft gibt. Isst man auf leeren Magen Obst, wird es innerhalb von 20 Minuten verdaut und der darin enthaltene Fruchtzucker wird sofort in Energie umgewandelt.

Wurzelgemüse wie Karotten, (Süß-)Kartoffeln, Pastinaken und Steckrüben, die ihre Inhalts- und Nährstoffe direkt aus der Feuchtigkeit der umgebenden Erde ziehen, enthalten ebenfalls viel Glukose. Das gilt auch für Gemüse, das direkt auf der Erde wächst wie Kürbisse und Zucchini, die zusätzlich Energie aus der Sonne beziehen. Sie sind voller Antioxidantien, Vitamine und Mineralien und sollten ein wichtiger Bestandteil unseres täglichen Speiseplans sein. In den folgenden Rezepten kommen all diese »energiegeladenen« Gemüsesorten vor; sie sind nicht nur gesund, sondern schmecken auch köstlich.

Grüngemüse, das oberhalb der Erde wächst, enthält zu allem Guten zusätzlich noch Chlorophyll, auch Blattgrün genannt, das im Rahmen der Photosynthese durch Sonnenlicht entsteht. Chlorophyll ist eine der basischsten Substanzen in unserer Ernährung und sollte mindestens zweimal täglich in irgendeiner Form auf unserem Speiseplan stehen, und zwar in möglichst naturbelassenen Nahrungsmitteln.

Das Motto ist also: Ein möglichst hohes Maß an möglichst basischen Nahrungsmitteln in möglichst naturbelassenem Zustand (siehe auch »Die Zusammensetzung macht's«, Seite 22). Der Schlüssel zu einer breit gefächerten Versorgung mit zellschützenden Antioxidantien, energiespendenden Kohlenhydraten und immunabwehrstärkenden Mineralstoffen ist dabei die Fülle an Farben und Texturen von Wurzel-, Blatt- und Fruchtgemüse.

Welche Arten von Eiweißen gibt es?

Eiweiße, auch Proteine genannt, lassen Leben entstehen. Proteine werden in Aminosäuren zerlegt, die Bausteine des Lebens. Alle tierischen Produkte enthalten die acht essenziellen Aminosäuren, die unser Körper für Reparaturprozesse benötigt. Aminosäuren können im menschlichen Körper jedoch säurebildend wirken, sie werden oft erst im Laufe von mehreren Tagen verdaut und verursachen im Verdauungssystem Fäulnisprozesse, deren Abfallprodukte toxisch sein können; dies wiederum schwächt den Körper, führt zu Blähungen und Verdauungsstörungen.

Es gibt aber auch pflanzliche Proteine. In jedem noch so kleinen (Samen-)Korn, das zu einer stattlichen Pflanze oder einem Baum heranwächst, sind Proteine enthalten. Denken Sie nur an den winzigen Sonnenblumenkern, aus dem sich eine bis zu drei Meter hohe Pflanze entwickelt. Pflanzliche Proteine sind deutlich besser verdaulich als tierische und liefern unserem Körper trotzdem dieselben Amino-Bausteine. Es ist jedoch wichtig, unterschiedliche Quellen vegetarischer Proteine zu kombinieren, um dem Organismus alle acht Aminosäuren zuzuführen.

VEGETARISCHE EIWEISSQUELLEN

Getreide und Hülsenfrüchte sind sehr wichtig, weil sie unterschiedliche Aminosäuren liefern, die dann zusammen die vollständigen Proteine bilden. Zu den Leguminosen zählen alle Arten von Bohnen (z. B. Limabohnen, Kichererbsen, Schwarzaugenbohnen, Feuerbohnen), die in unseren Rezepten häufig vorkommen. Hülsenfrüchte wie Linsen, getrocknete Schälerbsen und Dhal-Linsen sind ebenfalls ein wichtiger Eiweißlieferant.

Nüsse, Kerne und Samen sind vorzügliche Eiweißquellen. Alle Bohnen, Nüsse und Samen (ebenso wie die meisten Getreidesorten) kann man zum Keimen bringen. (Sie erinnern sich gewiss an die Experimente im Biologieunterricht in der Schule.) Sprossen oder Keimlinge liefern die vitalsten Proteine. Geben Sie regelmäßig Keime und Sprossen in Salate, um innerlich und äußerlich von ihren lebensspendenden und -erhaltenden Qualitäten zu profitieren. Nüsse und Kerne liefern außerdem essenzielle Fettsäuren – den Hauptbestandteil unseres Gehirns und Nervensystems (siehe Seite 15).

Sojaprodukte zählen zu den wenigen vollständigen Proteinquellen für Menschen, die sich vegetarisch und basisch ernähren. Sojabohnen enthalten alle acht Aminosäuren, die von unserem Körper voll verwertet werden können, vorausgesetzt sie stammen von nicht-genmanipulierten Sorten und werden in ihrer ursprünglichen, unverarbeiteten Form aufgenommen. Weiterverarbeitete Produkte wie Sojasauce, Tofu und Tempeh enthalten allerdings nicht mehr sämtliche Proteinbestandteile; auf Nummer sicher gehen Sie, wenn Sie regelmäßig die ganzen Sojabohnen (oder japanisch Edamame-Bohnen) zu sich nehmen. Die einzigen weiteren vollständigen Proteinlieferanten aus vegetarischer Quelle sind blaugrüne Algen, Spirulina und Chlorella (siehe Seite 34/35).

DIE BEWERTUNG DER VERSCHIEDENEN GETREIDESORTEN

Nimmt man Gerichte zu sich, die alle drei Lebensmittelgruppen umfassen, ernährt man sich ausgewogen. Wir haben jedes der Rezepte in diesem Buch in Bezug auf seinen basischen Wert klassifiziert (mehr dazu auf den Seiten 5 und 11). Betrachtet man die Basen-Bilanz unter dem Strich, kann man getrost Getreide wie Quinoa, Roggen und Buchweizen verwenden, die zwar per se weniger basisch sind, aber in Kombination mit hochbasischen Zutaten in einem Gericht nicht negativ ins Gewicht fallen. Weizen und Mais sind indes vorwiegend säurebildend, was erklärt, warum so viele Menschen darauf mit Verdauungsproblemen, Sodbrennen, Aufstoßen und Blähungen reagieren – schließlich ist Weizen in der westlichen Ernährung nahezu allgegenwärtig, etwa in Nudeln, Brot, Kuchen usw.

Die verschiedenen Arten von Fetten

Es besteht kein Grund, Fette generell zu meiden. Im Gegenteil: Bestimmte Fette sind nicht nur gut für uns, sondern sogar *essenziell*.

Fette, die gut für uns sind

In der Regel sind zellaufbauende Proteine, wie die in Nüssen und Samen enthaltenen, mit essenziellen Fetten gekoppelt und funktionieren im Zusammenspiel mit ihnen – dies sind die »guten« Fette. Sonnenblumen- und Kürbiskernöl, Macadamia- und Kokosöl, Walnuss-, Haselnuss- und Olivenöl sind gute, positive Fette, die unser Nervensystem, unsere geistige Präsenz, unsere Konzentration und unser Gedächtnis unterstützen. 75 Prozent unseres Gehirns besteht aus essenziellen Fetten. Das Gehirn, dieser brillante Computer, besteht aus eine Fülle an Nerven und wird von einem Gewebe aus essenziellen Fettsäuren geschützt.

Ebenso setzt sich die Schutzhülle unseres Körpers, die Haut, aus Trillionen Zellen zusammen, die aus einer sogenannten Phospholipid-Doppelschicht bestehen. Diese Doppelschicht wiederum besteht aus essenziellen Fetten und umgibt jede einzelne Zelle. Wer eine Low-fat- oder No-fat-Diät macht, ist denn auch leicht zu erkennen an der faltigen, trockenen Haut, die regelrecht nach essenziellen Fetten lechzt. Man stelle sich vor, wie erst die inneren Organe aussehen mögen, wenn schon die Haut so mitgenommen ist. Unsere Haut dient als Wärme- und Kälteisolierung und als Schutzschicht; sie ist zudem unser größtes Ausscheidungsorgan. Es ist wichtig, dass unsere Haut mit ausreichend essenziellen Fetten versorgt wird, um ihrer Entgiftungsfunktion nachzukommen. Dehydrierter Haut fehlt nicht nur Wasser, sondern auch essenzielle Fette, die die Zellen geschmeidig halten.

Fette, die schlecht für uns sind

Tierische Fette wie in Schinken, Wurst, Gänseschmalz, Käse usw. enthalten gesättigte Fettsäuren. In Kombination mit Wärme, Licht und Luft und insbesondere beim Kochen werden diese Fette verändert. Untersuchungen zeigen, dass ein regelmäßiger Verzehr von gegartem rotem Fleisch in Zusammenhang mit Darmkrebs eine Rolle zu spielen scheint – vielleicht weil es teilweise unverdaut tagelang im Darm verbleibt, möglicherweise aber auch wegen der ungesättigten Fette. Diese verstopfen Arterien, was zu Herzerkrankungen und Schlaganfällen führt.

Den Schaden mildern

Interessanterweise können die essenziellen Fette, wie sie in Nüssen, Samen und den entsprechenden Ölen vorkommen, die durch gesättigte Fette verursachten Schäden rückgängig machen. Essenzielle Fettsäuren, die als Omega-3, -6, -9 und -12 bekannt sind, wirken nämlich überwiegend antientzündlich, während gesättigte Fette entzündungsfördernd sind. Und viele lebensbedrohliche Erkrankungen werden zum Teil durch Entzündungen verursacht (siehe Seite 24).

Es empfiehlt sich daher, täglich diese gesunden Fette zu verwenden. Aromatisieren Sie Oliven-, Kokos-, Sonnenblumen- und Hanföl mit Kräutern, Gewürzen und Knoblauch, und verfeinern Sie damit Ihre Salate und Gemüse.

Ein Wort zu Fisch

Jeder weiß, dass fetter Fisch wie Thunfisch, Hering, Makrele und Lachs viele essenzielle Omega-3-Fettsäuren enthält. Um in den vollen Genuss des Nährwerts von Fisch zu gelangen, empfehlen wir den Kauf von Fisch aus Wildbeständen und die Vermeidung von Fisch aus intensiver Zucht.

Basischer Wert	Nährstoffe	Nutzen für den Körper
Gemüse		
♥♥♥ Artischocke	Kalzium, Magnesium, Kalium, Natrium, Folsäure, Beta-Karotin, Vitamine C und K	Harntreibend, verdauungsfördernd, enthält Inulin (fördert gesunde Darmflora), unterstützt Leber und Gallenfluss
♥♥♥ Spargel	Kalium, Folsäure, Vitamine C und K, Beta-Karotin	Stimuliert die Nieren, sanft abführend, antibakteriell
♥♥♥ Brokkoli	Kalzium, Magnesium, Phosphor, Vitamine B3, B5 und C, Folsäure	Antioxidans, darmreinigend, antiviral, antibiotisch, stimuliert die Leberfunktion
♥♥♥ Blumenkohl	Kalzium, Magnesium, Folsäure, Kalium, Bor, Beta-Karotin, Vitamin C	Ausgezeichnetes Antioxidans, unterstützt Leber und Niere, senkt den Blutdruck, verdauungsfördernd
♥♥♥ Fenchel	Kalzium, Magnesium, Natrium, Kalium, Vitamin C, Folsäure, Phyto-Östrogene	Krampflösend, fördert die Fettverdauung, gut zur Gewichtskontrolle
♥♥♥ Grünkohl	Kalzium, Magnesium, Phosphor, Kalium, Vitamine C, E und K, Folsäure, Jod	Unterstützt Schilddrüse und Stoffwechsel, entgiftet den Magen, verdauungsfördernd, stimuliert das Immunsystem, antibakteriell, antiviral, wirksames Antioxidans
♥♥♥ Seetang (Kelp)	Jod, Kalzium, Eisen, Kalium	Bester Lieferant dieser Mineralstoffe, gut für Herzkranzgefäße und Nervensystem, reinigt und entgiftet, verdauungsfördernd
♥♥♥ Lauch	Kalzium, Kalium, Folsäure, Vitamine A und K	Reinigend, harntreibend, reduziert bei Gicht den Harnsäurespiegel
♥♥♥ Spinat	Eisen, Kalzium, Magnesium, Folsäure, Vitamine B6 und C	Wirkt regulierend auf den Blutdruck und gegen Krebs, fördert das Immunsystem und die Knochengesundheit
♥♥♥ Tomate, roh	Kalzium, Magnesium, Phosphor, Folsäure, Beta-Karotin, Vitamin C	Antiseptisch, antibakteriell, unterstützt Leberfunktion, entzündungshemmend
♥♥♥ Brunnenkresse	Kalzium, Magnesium, Phosphor, Vitamin C, Beta-Karotin, Eisen, Jod	Harntreibend, löst Nieren- und Gallensteine auf, blutreinigend, reduziert Schleim im Darm- und Atmungstrakt, verbessert den Stoffwechsel

Basischer Wert	Nährstoffe	Nutzen für den Körper
♥♥ Rote Beete (Rande)	Kalzium, Magnesium, Kalium, Vitamin C, Mangan	Reinigend, reduziert Nierensteine, entgiftet Leber und Gallenblase
♥♥ Karotte	Kalzium, Magnesium, Kalium, Beta-Karotin	Reinigt die Leber, unterstützt die Entgiftung und die Sehkraft
♥♥ Stangensellerie	Kalzium, Magnesium, Natrium, Folsäure, Vitamin B_3	Blutdrucksenkend, verdauungsfördernd, beugt Gärprozessen im Darm vor
♥♥ Knoblauch	Kalzium, Phosphor, Vitamin C, Kalium	Krampflösend, antibakteriell, senkt den Cholesterinspiegel
♥♥ Ingwer	Kalzium, Magnesium, Kalium, Phosphor	Stimuliert Leber und Gallenblase, kreislauffördernd, krampflösend, gegen Übelkeit
♥ Zwiebel	Kalzium, Magnesium, Kalium, Folsäure, Phosphor, Quercetin	Entzündungshemmend, antiseptisch, antibiotisch, reduziert Krämpfe bei Asthma, wirkt gegen Schwermetalle und Parasiten im Körper, darmreinigend
♥ Tomate, gekocht	Kalzium, Magnesium, Phosphor, Folsäure, Beta-Karotin, Vitamin C	Antiseptisch, antibakteriell, unterstützt die Leberfunktion, entzündungshemmend
Früchte		
♥♥♥ Avocado	Kalium, Folsäure, Vitamine B_3, B_5, E und K	Hoher Eiweißgehalt, beruhigend, verdauungsfördernd, gegen Blutarmut
♥♥♥ Grapefruit	Kalzium, Magnesium, Vitamin C, Kalium	Lindert dank Salicylsäure Arthritis, blutreinigend, gut fürs Herz, beugt Kalziumeinlagerungen vor
♥♥♥ Zitrone/Limette	Kalium, Vitamin C	Löst Gallensteine, wirksames Antiseptikum, natürliches Antibiotikum
♥♥ Apfel	Kalium, Vitamin C, Beta-Karotin, Pektin	Nervenstärkend, reinigend, senkt Cholesterinspiegel, entgiftend
♥♥ Dattel	Kalzium, Eisen, Vitamin B_3, Beta-Karotin	Lindert Durchfall und Ruhr, unterstützt das Atmungssystem

Basischer Wert	Nährstoffe	Nutzen für den Körper
♥♥ Feige	Kalzium, Kalium, Vitamin C, Beta-Karotin	Sanft abführend, entgiftend, gute Kalziumquelle
♥♥ Mango	Vitamin C, Beta-Karotin, Kalium, Kalzium, Magnesium	Reduziert Säure im Körper, unterstützt die Nierenfunktion, verdauungsfördernd, blutreinigend
♥♥ Papaya	Kalzium, Magnesium, Kalium, Vitamin C, Beta-Karotin	Wirksames Antioxidans, anti-parasitär, lindert Darmentzündungen, blähungswidrig, reinigend
♥♥ Birne	Kalzium, Magnesium, Kalium, Folsäure, Jod, Pektin	Harntreibend, reguliert Schilddrüsenaktivität, stimuliert den Stoffwechsel, Pektin reinigt den Darm von Giften
♥ Kokusnuss	Magnesium, Zink, Kalium, Folsäure, Vitamin C	Befeuchtend, unterstützt/reguliert die Schilddrüsenfunktion
♥ Ananas	Kalzium, Magnesium, Kalium, Beta-Karotin, Vitamin C	Enthält verdauungsförderndes Bromelain, wirkt gegen Bakterien und Parasiten, krampflösend
Körner/Hülsenfrüchte		
♥ Gerste (siehe Seite 25)	Kalium, Zink, Magnesium, Kalzium, B-Vitamine, Folsäure	Beruhigt die Verdauung, unterstützt die Leber, gut gegen Magengeschwüre, senkt den Cholesterinspiegel
♥ Brauner Reis (siehe Seite 25)	Kalzium, Magnesium, Eisen, Zink, Kalium, Vitamine B_3, B_5 und B_6, Folsäure	Beruhigend, stimmungsaufhellend, gibt Energie
♥ Buchweizen (siehe Seite 25)	Kalzium, Magnesium, Zink, Kalium, Beta-Karotin, Vitamin C, essenzielle Fettsäuren, Rutin	Getreide mit allen Aminosäuren, unterstützt Herzkranzgefäße und Microcirculation
♥ Kirchererbsen (siehe Seite 25)	Kalzium, Magnesium, Kalium, Zink, Beta-Karotin, Folsäure, Phosphor, Mangan	Unterstützt die Nieren, darmreinigend
♥ Linsen (siehe Seite 25)	Kalzium, Magnesium, Kalium, Zink, Folsäure	Gute Quelle für alle basischen Mineralien, neutralisiert Milchsäure, die sich bei sportlicher Aktivität in den Muskeln bildet

Basischer Wert	Nährstoffe	Nutzen für den Körper
♥ Sojabohne	Kalzium, Magnesium, Kalium, Vitamine A, C, K und B_3	Komplettes vegetarisches Protein, senkt Cholesterinspiegel, gleicht Hormonspiegel aus
♥ Quinoa (siehe Seite 25)	Kalzium, Magnesium, Kalium, Vitamin B_3	Glutenfrei, sehr eiweißreich, antiviral, kalziumreich
Nüsse und Samen		
♥ Mandeln	Kalzium, Magnesium, Kalium, Zink, Folsäure, Vitamine B und E	Gute Eiweißquelle, beruhigend, gut für die Haut
♥ Macadamianüsse (siehe Seite 25)	Kalzium, Kalium, wenig Natrium, viel Ballaststoffe, viel essenzielle Fettsäuren (einfach gesättigt)	Entgiftend, senkt Cholesterinspiegel, Anti-Aging-Öl
♥ Sonnenblumenkerne (siehe Seite 25)	Kalzium, Magnesium, Vitamine A, B-Komplex, D, E und K, Zink, Mangan, essenzielle Omega-3- und -6-Fettsäuren	Reich an Protein (mehr als Eier, Fleisch oder Milchprodukte). Pektin wirkt gegen Gifte und Schwermetalle im Darm, unterstützt die Sehkraft
♥ Walnuss (siehe Seite 25)	Kalium, Kalzium, Magnesium, Zink, Folsäure, Vitamine C und E, essenzielle Oemga-3- und -6-Fettsäuren	Unterstützt Nieren- und Lungenfunktion, liefert essenzielle Fette fürs Gehirn, für kognitive Funktionen und Gemüt, verbessert den Stoffwechsel
Verschiedenes		
♥♥ Kokoswasser	Magnesium, Zink, Kalium, Folsäure, Vitamin C	Befeuchtend, unterstützt/reguliert die Schilddrüsenfunktion
♥ Tofu	Kalzium, Magnesium, Kalium, Eisen, Vitamine A und K	Perfekte Proteinquelle für Vegetarier, senkt den Cholesterinspiegel, gleicht den Hormonspiegel aus

Neue Essgewohnheiten erlernen

Wenn es um gesunde Ernährung geht, kommt es nicht nur darauf an, was man isst, sondern auch, wie man isst. Essen Sie oft schnell zwischen Tür und Angel? Oder essen Sie lange nichts und dann auf einmal viel zu viel? Überprüfen Sie Ihre Essgewohnheiten!

Die richtige Portionsgröße

Wie misst man die richtige Portionsgröße? In Gramm, nach Fett- oder Kaloriengehalt? Wir halten das weder für ausgewogen noch für gesund. Die alte Vorstellung von Kalorienzufuhr und Kalorienverbrennung ist zu stark vereinfacht und macht uns zu Sklaven von Kalorientabellen, Maßband und Waage. Wir geben im Rezeptteil nur deshalb so genaue Grammangaben, um Ihnen für den Anfang eine Richtschnur an die Hand zu geben. Auf dieser Basis können Sie ganz nach Ihrem persönlichen Geschmack experimentieren – ein Löffel davon, eine Prise hiervon.

Eine Handvoll für den Magen

Um die Portionsgrößen zu bestimmen, plädieren wir für einen wahrhaft »handfesteren« Weg als akkurates grammweises Abwiegen. Auf dem Foto rechts sehen Sie, was wir für die vernünftigste Methode halten, die für Sie richtige Nahrungsmenge zu bemessen. Legen Sie Ihre hohlen Hände ineinander – dies ist genau die Menge, die für Ihren Magen richtig ist. Denn bekanntlich entspricht die Größe einer Hand in etwa der Größe des Magens. Vielleicht kommt Ihnen das Fassungsvermögen Ihrer Hände gering vor. Geben Sie aber einmal Ihre ganze Mahlzeit in die Hände und verteilen Sie sie dann auf einem Teller – Sie werden sehen, dass die Menge mehr als ausreichend ist. Tatsache ist: Wir haben uns in der westlichen Welt im Lauf der Zeit an viel zu große Portionen gewöhnt.

Denken Sie daran: Es geht hier nicht ums Abnehmen – wir wollen vielmehr Prinzipien formulieren, die uns ein Leben lang begleiten. Und vertrauen Sie darauf, dass dieser Weg funktioniert, ohne die ständigen bekannten Gewissensbisse (»Ich sollte das nicht essen ...« oder »Jetzt habe ich schon wieder zu viel gegessen ...«). Mengen- oder gewichtsmäßige Standards festzulegen funktioniert nicht, weil jeder von uns ein Individuum ist. Warum sollte ein 1,90 Meter großer Mann dieselbe Menge wie eine 1,65 Meter kleine Frau essen? Betrachten Sie Ihre Hände – dann kennen Sie Ihre Magengröße und Ihren Bedarf!

Es ist ein Ammenmärchen, dass viel Essen den Magen dehnt bzw. wenig Essen ihn schrumpfen lässt. Hat man einige Tage wenig gegessen und schlägt dann zu, stöhnt der Magen erst einmal. Und wenn man es gewöhnt ist, zu viel zu essen, kennt man seine Sät-

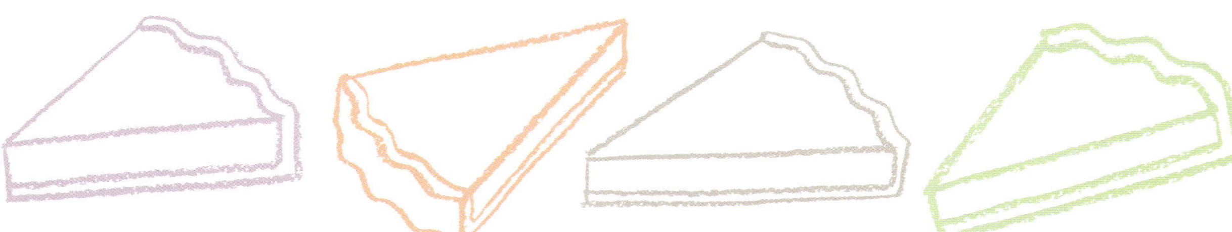

tigungsgrenze nicht, denn man isst dann in der Regel unbedacht (siehe unten, »Bewusst essen«).

Kleinere Teller und Schalen
Benutzen Sie kleinere Teller und Schalen als gewöhnlich. Viele benutzen riesige Teller, wie sie in Restaurants in Mode sind, vergessen dabei aber, dass in guten Restaurants darauf nur kleine Portionen angerichtet werden, die auf den großen Tellern schlicht und einfach glamouröser wirken. Also: Entrümpeln Sie Ihren Küchenschrank! Benutzen Sie Fingerschalen als Suppenteller. Gibt es ein »Eintopfgericht« (wie beispielsweise den Kürbisrisotto auf Seite 129), servieren Sie es in einem Suppenteller (18 Zentimeter Durchmesser plus Rand) oder einer kleinen, tiefen Schale (12 bis 15 Zentimeter Durchmesser). Ein Speiseteller von 25 Zentimeter Durchmesser reicht für all unsere Gerichte und Kombinationen des Rezeptteils völlig aus. Und solch ein Teller muss auch nicht randvoll gefüllt sein (siehe links).

Bewusst essen

Wie oft machen Sie sich wirklich bewusst, was Sie essen? Halten Sie inne, um das Gericht, seine Farbe und Textur anzuschauen? Oder schaufeln Sie alles so schnell wie möglich in sich hinein? Nur allzu oft schlingen wir etwas zwischen Tür und Angel hinunter. Doch dies ist die schlechteste Art, unserem Körper Nahrung zuzuführen, denn wir essen nicht bewusst – und nehmen dann auch nicht wahr, wann wir satt sind. Viele Menschen essen viel zu schnell und merken nicht, wann es genug ist. Unser Körper ist mit einem wunderbaren Mechanismus ausgestattet, dem Vagusnerv, der die Verbindung zwischen Magen und Hippocampus, jenem Teil des Gehirns, in dem das Sättigungsgefühl angesiedelt ist. Wenn wir hastig und achtlos essen, bleibt das Signal, das das Gehirn über den Nerv zum Magen schickt, weitgehend unbeachtet. Kein Wunder, dass heute so viele Menschen stark übergewichtig sind – denn wir essen vor dem Fernseher, am Computer und beim Telefonieren. Wir essen nicht bewusst.

Die Grundregeln des bewussten Essens

Nehmen Sie sich Zeit zum Essen. Betrachten Sie die Mahlzeiten als eigenständige Aktivität, und reservieren Sie sich für eine Hauptmahlzeit mindestens 20 Minuten, besser noch mehr. In dieser Zeit kümmern Sie sich um nichts anderes als bestenfalls das Tischgespräch – keine Bücher, Zeitungen, kein Fernseher, Radio und iPod bei Tisch. Sie schauen nur den Inhalt Ihres Tellers an!

Essen Sie bewusst. Nehmen Sie die Farbe, Textur und Art des Essens wahr. Eine Mahlzeit, das ist nicht nur Fleisch, Gemüse und Kartoffeln (in unserem Fall ohnehin kein Fleisch, sondern zellaufbauende Proteine aus vegetarischen Quellen wie Nüssen, Getreide, Keime, Sprossen, Sojaprodukten und eventuell noch Käse).

Kauen Sie gründlich. Legen Sie nach jedem Bissen Messer und Gabel ab, statt schon die nächste Ladung auf die Gabel zu häufen. Nehmen Sie sich Zeit zum Kauen, sodass die von der Ohrspeicheldrüse ganz hinten im Mund gebildeten Verdauungsenzyme schon hier wirken können. Sie spalten die Nahrung schon im Mund zu einem flüssigen Brei auf. Achten Sie bei Ihrer nächsten Mahlzeit darauf: Kauen, kauen, kauen – dann erst schlucken. Manche empfehlen, für eine gute Verdauung jeden Bissen 30 bis 50 Mal zu kauen. Auch wenn das im täglichen Leben nicht gerade praktisch erscheint, ist diese Methode fundiert. Es ist gesünder, einen Essensbrei zu schlucken als große Nahrungsstücke. Und: Gründliches Kauen gibt der Nahrung einen ganz anderen Geschmack, da sich beim Kauen die Nahrung und die Enzyme im Speichel vermischen – die Nahrung schmeckt viel süßer als die ursprünglichen Bestandteile. Das kommt all jenen zugute, denen zu Beginn unseres Basen-Programms ein wenig die Süße fehlt.

Die Zusammensetzung macht's

Für eine gesunde Ernährung ist es wichtig, dass bei jeder Mahlzeit das Gleichgewicht von Kohlenhydraten, Eiweißen und essenziellen Fetten stimmt (siehe Kasten rechts). Stellen Sie Ihre Mahlzeiten so zusammen, essen Sie gesund und ausgewogen (siehe auch »Die Lebensmittelgruppen«, Seite 12).

Stapeln Sie hoch

Mit unserer Stapel-Methode ist die Sache ganz einfach: Stellen Sie sich vor, Sie bauen ein Haus, vom Fundament bis hoch zum Dach (siehe die Zeichnung auf der gegenüberliegenden Seite).

Kokosraspel, Fette und Öle aus Nüssen und Samen, Olivenöl und Zitronendressing sind sozusagen der Anstrich (den man auf der Zeichnung nicht sieht). Er liefert essenzielle Fette für unser Nervensystem und die Geschmeidigkeit unserer Haut. *10 bis 15 Prozent eines Gerichts*

Nüsse, Kerne, Samen, Sprossen, Tofu, Tempeh, Hülsenfrüchte werden als dritte Schicht über das Gericht gestreut und liefern alles, was unser Körper zum Aufbau und für »Reparaturmaßnahmen« braucht. Sie müssen gut gekaut werden, werden langsamer verdaut und verlangsamen die Energieabgabe des ganzen Gerichts. *20 bis 25 Prozent eines Gerichts*

Geschmortes, gegrilltes, gebackenes, gedämpftes oder rohes Gemüse bildet die nächste Schicht, die Ballaststoffe, Vitamine und Mineralien liefert und das gesamte Gericht in den basischen pH-Bereich bringt. Außerdem sorgt Gemüse für vielfältige Farben und Texturen, was sich auch in vielen unterschiedlichen Nährstoffen niederschlägt. *30 bis 35 Prozent eines Gerichts*

Getreide oder Kartoffeln bilden immer das Fundament, zum Beispiel Quinoa, Hirse, Hafer, Roggen, Reis oder Buchweizen. Diese komplexen Kohlenhydrate geben langfristig Energie. *30 bis 35 Prozent eines Gerichts*

Vorbeugen ist besser als heilen

Nur allzu oft warten wir, bis wir krank werden, bevor wir unsere Ernährung umstellen. Dabei fühlt man sich wirklich gut, wenn man bewusst lebt und es erst gar nicht bis zu einer Erkrankung kommen lässt. Natürlich erfordert eine Umstellung der Ernährung und des Lebensstils Zeit und Geduld, aber der Nutzen einer stabilen Gesundheit ist so enorm, dass sich jeder Aufwand lohnt.

So entstehen Krankheiten

Unser Immunsystem ist enorm wichtig für unsere Gesundheit. Eine Armee von Immunzellen ist in unserem Blut unterwegs, vor allem aber im Verdauungstrakt, der die Schnittstelle zur Außenwelt darstellt. Man schätzt, dass sich etwa 70 Prozent unserer Immunzellen im Darm befinden. Dessen werden wir uns bewusst, wenn wir uns den Magen verdorben oder gar eine Lebensmittelvergiftung zugezogen haben. Die Immunzellen sind im gesamten Verdauungstrakt vorhanden – vom Mund bis zum Darm – und schalten Krankheitserreger aus bzw. schleusen sie auf dem schnellstmöglichen Weg aus dem Körper hinaus.

Wie gut geht es Ihrem Körper?

Werfen Sie einen Blick auf die Liste rechts, um festzustellen, welchen Belastungen Ihr Organismus momentan ausgesetzt ist. Sie werden erstaunt sein, wie viele der folgenden Symptome Ihnen bekannt vorkommen.

Symptome einer Vergiftung oder Belastung

Kopfschmerzen/Migräne
Gelenk- und/oder Muskelschmerzen
Verdauungsstörungen
Sodbrennen
Blähungen
Verstopfung
Durchfall
Magenkrämpfe
Schlechter Atem
Metallischer Geschmack im Mund
Empfindliches Zahnfleisch
Lebensmittelunverträglichkeiten
Starke, schmerzhafte Menstruation

Tränende oder schmerzende Augen
Kurzatmigkeit
Schwitzen
Hautreizungen
Trockene Haut
Ungeklärter Haarausfall
Mattes, strähniges Haar
Akne oder häufig unreine Haut
Cellulite
Schlaflosigkeit
Schlafstörungen
Müdigkeit

Stimmungsschwankungen
Depressionen
Antriebslosigkeit
Konzentrationsstörungen
Reizbarkeit
Wut
Heißhunger auf Süßes
Heißhunger auf Salziges
Heißhungerattacken

Manche dieser Symptome können natürlich auch andere Ursachen haben, doch bereits wenn Sie drei Wochen dem Programm der basischen Ernährung folgen, werden viele dieser Symptome verschwinden.

Allergien und Unverträglichkeiten

Lebensmittelallergien können unmittelbar und in heftiger bis lebensbedrohlicher Form auftreten und sich etwa in starkem Anschwellen im Lippen- und Mundbereich sowie Zuschwellen der Kehle äußern. Diese Art eines allergischen Schocks (Anaphylaxis) tritt glücklicherweise nur relativ selten auf. Unverträglichkeiten sind hingegen sehr viel häufiger und zudem schwerer festzustellen, weil sie bis zu 70 Stunden nach dem Verzehr des entsprechenden Lebensmittels auftreten können. Es gibt verschiedene Testmethoden; im Allgemeinen ergeben Blutuntersuchungen die weitaus verlässlichsten Resultate, denn im Blut sind die meisten Unverträglichkeitsreaktionen ablesbar.

Als erste praktische Maßnahme sollten Sie ein detailliertes Esstagebuch führen, in dem Sie die verzehrten Lebensmittel sowie aufgetretene Symptome notieren. Leiden Sie zum Beispiel regelmäßig unter starken Kopfschmerzen, notieren Sie über einige Wochen genau, wann sie auftreten und welche Lebensmittel Sie zur selben Zeit eingenommen haben. Bekannt ist der Zusammenhang zwischen Kopfschmerzen und Schokolade (vorwiegend industriell hergestellte, mit Zucker gesüßte, weniger die natürlichere Variante mit Kakao, Agavensirup, Yacon oder Xylitol (Birkenzucker), wie sie in unseren Rezepten verwendet werden); außerdem enthalten auch Käse, Rotwein und Koffein Stoffe, die mit Kopfschmerzen oder Migräne in Zusammenhang gebracht werden.

Schwellungen und andere Hautreizungen werden oft durch Erdbeeren und andere rote Früchte ausgelöst (die, auch wenn sie süß schmecken, den Körper übersäuern können). Weniger bekannt sind die Zusammenhänge mit Weizenprodukten wie Brot, Keksen und Kuchen, die Müdigkeit und leichte Depressionen hervorrufen können, mit Eiern (Muskel- und Gelenkschmerzen) sowie Pilzen, Hefe und Schimmelpilzen (chronische Müdigkeit, anhaltende grippeähnliche Symptome, Kraft- und Energielosigkeit sowie Stimmungsschwankungen). Was ist hier nur los?

Die Antwort: Entzündungen

Entzündungen gelten inzwischen als Hauptursache der meisten chronischen Erkrankungen wie Herz- und Kreislaufbeschwerden, Lungen- und Verdauungs- sowie Hautproblemen. Entzündungen jedweden Körpergewebes verursacht Flüssigkeitsansammlungen an der betreffenden Stelle und als Folge dessen häufig ein Ungleichgewicht der Elektrolyte (wie Natrium, Kalium, Kalzium und Magnesium) auf Zellebene. Genau dieses Elektrolyt-Gleichgewicht braucht der Körper aber für sein einwandfreies Funktionieren.

Top-Lebensmittel für basische Energie

Auf Seite 16 bis 19 listen wir unsere Top-Lebensmittel auf, die in vielen unserer Rezepte auftauchen, samt ihrem basischen Wert und ihrem Nutzen für unseren Körper. Unser Ziel ist eine möglichst abwechslungsreiche und Säure-Basen-ausgewogene Ernährung; dabei peilen wir ein 80-zu-20-Verhältnis an. Nimmt man mit jeder Mahlzeit bzw. jeden Tag 80 Prozent basische Lebensmittel zu sich, wird man langfristig alle natürlichen Funktionen des Körpers optimal unterstützen. Probieren Sie es!

Magische Mineralstoffe

Die Mineralien Kalzium, Magnesium, Kalium und Phosphor kommen in allen basischen Lebensmitteln vor; sie sind wichtig für die Regulation des pH-Werts der Körperflüssigkeiten. Kalzium und Magnesium wirken zudem regulierend auf den Herzschlag, sind wichtig für den Knochenaufbau und die Bänder, für Regulierung und Reaktion des Nervensystems, für die kognitiven Funktionen und das Gemüt. Eisen und Jod werden für den Bluttransport, für die Gesundheit der Herzkranzgefäße und für den Stoffwechsel benötigt.

Perfekte Proteine

Proteine, auch Eiweiße genannt, finden sich in jeder Nuss, in jedem Kern, in jedem Samen, aus dem später eine Pflanze heranwachsen soll. Sojabohnen und Tofu liefern alle acht Aminosäuren, die zum Aufbau und zur Reparatur von Körperzellen, für ein starkes Immunsystem und zur Energieproduktion benötigt werden.
Sie werden feststellen, dass wir in manchen unserer Rezepte auch bestimmte säurebildende Zutaten verwenden, etwa braunen Reis, Quinoa, Linsen oder Macadamianüsse. Auf den Seiten 16 bis 19 sind sie dennoch als »basisch« aufgelistet, dies weil sie so enorm viele Nährstoffe enthalten und in einem Gericht aus überwiegend basischen Zutaten trotz ihres niedrigeren pH-Werts nicht negativ ins Gewicht fallen; das Gericht wird unter dem Strich immer noch basisch sein. Dies ist ein gutes Beispiel dafür, unter welchen Umständen wir auch säurebildende Nahrungsmittel in unsere Ernährung aufnehmen sollten. So verwenden wir auch einige kuhmilchfreie Milchprodukte wie Feta und Halloumi, da diese weniger säurebildend als Kuhmilchprodukte sind und zudem wichtiges Kalzium und Mineralien liefern; wichtig ist allerdings, dass Sie diese Produkte immer mit wirklich basischen Lebensmitteln wie Gemüse, Dressings oder Salaten kombinieren. Und denken Sie daran: Je naturbelassener die Lebensmittel, desto höher der basische Wert.

Beschwerden lindern durch basische Kost

Eine stark säurebildende, auf tierischen Eiweißen basierende Ernährung kann zu Darmentzündungen (Dickdarmentzündung, Reizdarm und schlimmstenfalls sogar Morbus Crohn) führen, ebenso zu chronischem Schnupfen und zu Hautproblemen wie Ekzemen und Schuppenflechte. Da Fleisch schwer verdaulich ist und Milch- sowie Weizenprodukte bei uns üblicherweise auf dem täglichen Speiseplan stehen, ist es kein Wunder, dass so viele Menschen von einer Vielzahl kleinerer Beschwerden geplagt werden. Traurigerweise verstehen bzw. kennen nur wenige Ärzte den Zusammenhang zwischen den Lebensmitteln, die wir zu uns nehmen, und den Krankheiten, die in der Folge auftreten.

Durch die Umstellung unserer Ernährung zugunsten eines ausgeglichenen Säure-Basen-Haushalts können einschneidende Veränderungen stattfinden. Lässt man die Lebensmittel, die Entzündungen und Unverträglichkeiten verursachen, nur schon einige Tage weg, gehen die Schmerzen zurück und der Körper beginnt sich zu erholen. Deshalb empfehlen wir die Durchführung der Reinigungsphase (siehe Seite 32ff.), in der alle potenziell schädlichen Speisen und Getränke weggelassen und durch eine Vielzahl vitalisierender, energiespendender Lebensmittel (wie Hanfsamen, Chlorella, Spirulina usw.) ersetzt werden, um den Körper zu reinigen und einen basischen pH-Wert zu etablieren. Anschließend stellen Sie auf eine dauerhaft basische Ernährung (siehe Seite 38ff.) um, die langfristig für Gesundheit und Wohlbefinden sorgt.

Ein ausgeglichener Säure-Basen-Haushalt beginnt in jeder einzelnen Körperzelle und unterstützt durch das richtige Elektrolytgleichgewicht von Natrium und Kalium die natürliche Energiegewinnung sowie den Abtransport der Abfallstoffe. Ohne zu technisch werden zu wollen, basiert die Vitalität einer Zelle auf einer ausreichenden Nährstoffversorgung, die ihr optimales Funktionieren gewährleistet – und dies geschieht am besten in einer basischen Umgebung. Wenn die Flüssigkeiten im Umfeld der Zelle sich im sehr sauren Bereich bewegen, gerät das Natrium-Kalium-Gleichgewicht aus den Fugen und es kommt zu einer Dehydrierung der Zellen. Wenn wir von der »Hydrierung« des Körpers sprechen, ist nicht nur das ausreichende Trinken von Wasser gemeint, sondern es geht auch um nährstoffreiche Säfte, grüne Smoothies und basische pH-Tropfen, die man ins Wasser gibt. Diese sind bei vielen Gesundheitsanbietern, auch online (siehe Seite 192), erhältlich.

Testen Sie selbst!

Unsere Empfehlung: Trinken Sie täglich mindestens zwei Säfte über einen Zeitraum von zehn Tagen und beobachten Sie, wie sich bestimmte Beschwerden wie Kopfschmerzen, anhaltende Erkältungen und Infekte sowie diverse Schmerzen verändern. Sobald der pH-Wert in Ihrem Körper wieder ins Gleichgewicht kommt, nehmen diese Symptome ab. Und der Nutzen der basischen Ernährung wird ganz offensichtlich.

Wie ticken Sie?

Natürlich gibt es bestimmte Lebensmittel, auf die Sie am liebsten nicht verzichten möchten. Kein Wunder, denn industriell hergestellte Lebensmittel wie etwa Frühstücksflocken oder Brotwaren, die einen Cocktail aus Zucker und Süßstoffen, aus Geschmacksstoffen und Salz enthalten, bei dem das Mehl und das Wasser, die das Ganze zusammenhalten, eher vernachlässigbar erscheinen, kalkulieren gezielt ein gewisses »Suchtpotenzial« mit ein.

Dennoch sollten Sie die täglich konsumierte Menge dieser Art von Lebensmitteln nicht aus den Augen verlieren – insbesondere, wenn Sie Ihr Säure-Basen-Gleichgewicht wiederherstellen möchten. Denn all diese Zutaten sind säurebildend! Und die Ironie: Nicht zuletzt weil sie säurebildend sind, machen sie »süchtig« danach. Bei einem vorwiegend basischen Speiseplan werden Sie sich je länger je weniger von solchen Lebensmitteln angezogen fühlen – sie werden immer uninteressanter für Sie, je mehr sich Ihr Geschmackssinn verändert.

Heißhungerattacken und die Gier nach bestimmten Lebensmitteln zeigen normalerweise an, dass der Körper aus dem Gleichgewicht geraten ist und einen Mangel an bestimmten Nährstoffen hat. Die meisten Vitamine sind in Form von Obst und Gemüse leicht verfügbar; daneben sind auch in Vollkornprodukten, Nüssen, Samen und Sojaprodukten wertvolle Mineralstoffe enthalten, die uns auf Zellebene nähren und versorgen, uns Energie und Vitalität geben. Die Befreiung aus dem Junk-Food-Sumpf ist der Schlüssel zu nachhaltigem Wohlbefinden. Alle Zeit und Mühe werden sich dafür lohnen.

Was treibt Sie an?

Die meisten von uns greifen in ganz bestimmten Situationen zu wertlosem Junk Food. Es ist wichtig, diese Situationen zu kennen, um gut vorbereitet zu sein und für bessere Alternativen zu sorgen.

Überlegen Sie, welche negativen Emotionen (etwa Langeweile, Müdigkeit oder Stimmungsschwankungen in den Tagen vor der Menstruation) bzw. welche Situationen (wie langes Arbeiten oder Auslassen des Frühstücks) Sie zu Keksen, Chips, Schokoriegeln oder Salznüssen, zu Alkohol, süßen Softdrinks oder noch einem Kaffee greifen lassen? Vielleicht erleben Sie solche Gefühle oder Situationen regelmäßig und versuchen sich herauszureden, indem Sie dies oder jenes eben jetzt gerade

brauchen oder sich »gönnen« müssen. Aber brauchen Sie es wirklich? Fühlen Sie sich danach wirklich besser? Tatsache ist: Jeder ungesunde Snack, jedes Getränk, das Ihnen einen schnellen Kick verpasst, wird Ihre Energie letztlich deutlich senken, und zwar schneller, als Sie es konsumiert haben. Denn Zusatzstoffe, Zucker, Süßstoffe, koffeinhaltigen Getränke und anderen Stimulanzien greifen in das feine Gleichgewicht des Blutzuckerspiegels ein und schicken Sie auf eine Achterbahn aus Auf und Ab, die immer mit einem Ab endet – müder, reizbarer und mit noch weniger Antrieb, das Richtige zu wählen, das Ihnen wirklich gut tut.

Beginnen Sie den Tag richtig

Starten Sie mit einem basischen Leckerbissen. Nichts ist morgens besser und wirksamer als ein grüner Smoothie oder Saft, der den Blutzuckerspiegel gleich ins Lot bringt (siehe Seite 24 sowie 46 bis 48). Geben Sie etwas Eiweiß in Form von gemahlenen Hanf- oder Leinsamen hinzu, dann hält die energiespendende Wirkung des Drinks länger an und bewahrt Sie vor dem Auf und Ab, wie es Tee oder Kaffee auslösen. Der Start in den Tag bestimmt über den restlichen Tag – und wenn Sie mit Croissants oder Marmeladentoast starten, werden Sie auch in den folgenden Stunden nach nichts anderem lechzen. Dies wiederum führt zu Müdigkeit und Konzentrationsstörungen. Die Zubereitung eines frischen Safts erfordert nur wenige Minuten – und unsere Säfte sind eine ganze Mahlzeit!

Sie können tatsächlich beides haben

Bei einem Blick auf unsere Brotrezepte (Seite 160ff.) werden Sie feststellen, dass es qualitativ hochwertige Vollkornprodukte sind, ohne Zucker und stattdessen mit natürlichen Süßstoffen wie Zimt, Muskat, Kokos und Agavensirup. Sie sind eine köstliche Alternative zu Industrieware, reich an Vitamin B für mehr Energie und für die optimale Versorgung von Immun-, Nerven- und Herz-Kreislauf-System mit wertvollen Mineralien. Rezepte, die auch Nüsse und Samen und somit Proteine enthalten, liefern zudem lang anhaltend Energie. Bereitet man diese Gerichte bei nicht zu hoher Temperatur zu, werden die in Nüssen und Samen enthaltenen essenziellen Fettsäuren geschont.

Schluss mit dem Schoko-Blues

Kakao, also die Rohzutat aller Schokolade, enthält eine Vielzahl von Nährstoffen mit besonders antioxidativen, also zellschützenden Eigenschaften. Kakao liefert zudem Magnesium, das unsere Entspannung fördert und einfach glücklich macht. Kakao schmeckt allerdings bitter; deshalb wird kommerzieller Schokolade viel Zucker beigefügt, insbesondere Vollmilchschokolade, in der Zucker außerdem als Konservierungsmittel für die Milchanteile fungiert. Es ist der Zucker, nicht der Kakao, der süchtig macht – und der sonst nichts Positives zu bieten hat.

In unseren Rezepten findet diese uralte und wertvolle Zutat, die schon die Azteken in Südamerika kannten, vielfältige Verwendung – denn wir lieben ihn ganz einfach (siehe Seite 148ff. und 168ff.).

Salz aus dem Meer und aus dem Himalaja

Als der Kühlschrank noch nicht erfunden war, konservierte man Fleisch und Fisch mit Salz. Das ist heute nicht mehr nötig. Die meisten Gemüsesorten enthalten ausreichend Salz und Nährstoffe, sodass man beim Kochen nichts bzw. nicht mehr viel hinzufügen muss. Kräuter und Gewürze liefern zusätzliche Aromen. Das in unseren Rezepten verwendete Himalajasalz ist mineralienreich und enthält neben Natrium viele andere wertvolle Inhaltsstoffe, die unseren Körper ins Gleichgewicht bringen und nicht dehydrieren. Die meisten kommerziellen Salzsorten enthalten nur noch wenig Mineralstoffe. Lust auf Salz deutet nicht selten auf einen Mineralstoffmangel hin, insbesondere von Zink, das die Sensibilität der Geschmacksknospen reguliert, das Immunsystem stärkt und die Adrenalinproduktion steuert, die wiederum unsere Stressreaktionen reguliert. Der letzte Punkt erklärt, warum man bei Übermüdung und Stress nach salzigen Snacks greift – obwohl brauner Reis, Quinoa oder Gersten-Couscous mit Kürbis und Sonnenblumenkernen die Zinkreserven eigentlich viel besser auffüllen würden.

Wirklich prickelnd

Echter Champagner braucht keine Zusatzstoffe, um herrlich zu sprudeln – die Fermentierungsmethode sowie das richtige Drehen der Flaschen sorgen für die kostbaren Bläschen. Die Bläschen hingegen, die man in Softdrinks wie in Cola-Getränken findet, sind rein synthetisch und entstehen durch einen Chemie-Cocktail und Luft. Zunächst wirken sie erfrischend und aufputschend, doch wenig später geht es durch das Absinken des Blutzuckerspiegels rasant bergab. Der einzige natürliche Bestandteil von Cola ist – Wasser! Warum nicht mit natürlicher Kohlensäure versetztes Wasser wählen und ein paar Scheiben Ingwer, einen Stängel Zitronengras oder einen Zweig Minze hineingeben? Eine Prise Cayennepfeffer im Wasser gibt Ihnen einen super Energiekick. Algenpulver wie Spirulina oder Chlorella liefern in hohem Maße bioverfügbare Nährstoffe, die Ihr Körper braucht – und sie sind zudem sehr basisch.

Koffein – gut oder schlecht?

Die Kaffeebohne ist zwar ein natürliches Produkt, doch Koffein ist auf Dauer eher schädlich als nützlich. Ab und zu eine Tasse Kaffee schadet nicht, aber täglicher Kaffeekonsum entzieht den Knochen und anderen Körpergeweben wichtige Mineralstoffe, die die Nieren in ihrer Pufferfunktion unterstützen. Das Cola-Getränken zugefügte Koffein ist künstlich hergestellt und noch wesentlich schädlicher, da es in das Nervensystem sowie in den Serotonin-Dopamin-Mechanismus eingreift – exzessiv konsumiert, können Cola-Getränke sogar aufs Gemüt drücken.

Schluss mit schlechten Gewohnheiten

Gewohnheiten entstehen durch ständige Wiederholung, und mit ihnen zu brechen, ist eine Willensentscheidung. »Wie wird es sich ohne anfühlen?« »Werde ich es schaffen?« Diese Fragen beantworten sich schnell, wenn man die Entscheidung für einen gesünderen Lebensstil getroffen hat und feststellt, wie gut es sich anfühlt. Besser heute als morgen!

Manche Speisen und Getränke sind so toxisch, dass es beim Absetzen einige Tage lang zu Kopf- und Muskelschmerzen kommen kann; Sport hilft, den Körper schneller von solchen Chemikalien zu reinigen. Genau dies passiert in der Reinigungsphase – der Körper wird von toxischen Abfallprodukten gereinigt, die im Fettgewebe eingelagert waren und Ihre Leistungsfähigkeit beeinträchtigt haben.

So gelingt es Schritt für Schritt

Wir möchten Sie motivieren, nach und nach kleine, aber bedeutsame Veränderungen ihrer Essgewohnheiten zu realisieren. Das ist viel einfacher, als alles Gewohnte auf einmal über Bord zu werfen und schon am ersten Tag die eigenen Keimlinge ziehen zu wollen.

Es ist dieselbe Vorstellung, wie sein Economy-Ticket gegen ein Business-Class-Ticket einzutauschen – es kostet zwar etwas mehr Zeit und Aufwand, aber das verbesserte Wohlbefinden und die stabilere Gesundheit machen jede Mühe zehnfach wett. Gute Nahrung muss nicht automatisch mehr kosten. Wenn Sie auf dem örtlichen Markt einkaufen, hat dies gleich mehrere Vorteile: Sie unterstützen regionale Produzenten statt weltweite Lebensmittelkonzerne und importierte Waren; Sie kaufen saisonal; Sie denken sorgfältiger über die Ausgewogenheit der Produkte und die richtigen Kombinationen nach – mit anderen Worten: Sie kaufen bewusster, weniger und machen mehr daraus.

Was ist der erste Schritt?

Sie sollten Schritt für Schritt vorgehen; führen Sie eine Veränderung durch und beobachten Sie den Nutzen. Stellen Sie fest, welches Ihre drängendsten gesundheitlichen Beschwerden sind, und konzentrieren Sie sich zuerst darauf. Wenn Sie beispielsweise oft erkältet sind und unter Infekten von Nase, Ohren oder Hals leiden, sollten Sie zuerst die täglich konsumierte Kuhmilch gegen Nussmilch (Mandel-, Paranuss-, Macadamianuss-Milch, siehe Seite 53 und 57) austauschen, außerdem Soja-, Feta- und Halloumikäse sowie Sojajoghurt essen, denn oft ist es die Molke, die die Schleimhäute der Nase, des Rachens und der Atemwege reizt. Schon innerhalb weniger Tage werden Sie positive Veränderungen feststellen – und sobald die mit den Unverträglichkeiten zusammenhängende Belastung nachlässt, werden Sie mehr Energie für anderes haben.

Wenn Sie unter Reizdarm, Blähungen, Völlegefühl und Leibschmerzen leiden, empfiehlt es sich, auf alle Weizen- und Hefeprodukte, Nudeln, Kekse, Gebäck und Ähnliches zu verzichten. In diesem Buch finden Sie eine Menge weizen- und glutenfreier Rezepte aller Kategorien – von Frühstücks-Pfannkuchen und Müsli über Brownies bis hin zu Buchweizen- oder Reisnudelgerichten und Kokosbrot. Für die meisten Menschen – auch jene, die nicht unter Reizdarm oder ähnlichen Beschwerden leiden – ist eine solche Umstellung ein wahrer Segen.

Kochen Sie gesünder

Mit einigen kleinen Tricks können Sie supergesundes Essen in wenigen Minuten selbst zubereiten. Sie müssen nicht alles vom ersten Tag an selbst zubereiten – es gibt auch vieles fertig zu kaufen, und stellen Sie dann nach und nach auf Selbstgemachtes um.

Einfach clever ersetzen

Von Fertig gekaufte Fruchtsäfte
Zu Frisch zubereitete Säfte oder grüne Smoothies
Nutzen Hausgemachte Säfte mit frischem Fruchtfleischanteil und Smoothies aus grünem Blattgemüse, Gemüse und Obst enthalten cholesterinsenkende Ballaststoffe, die in kommerziellen Säften herausgefiltert wurden; sie decken zudem den Vitaminbedarf eines ganzen Tages.

Von Fertig gekaufte Smoothies
Zu Hausgemachte Varianten mit Soja- oder Nussmilch, frischen Früchten und Hanf- oder Leinsamen
Nutzen Soja- und Nussmilchprodukte liefern ebenso Kalzium und Proteine. Hanf- und Leinsamen sorgen für zusätzliche essenzielle Fettsäuren, die dem Nervensystem, dem Gedächtnis, der Haut sowie dem Hormongleichgewicht zugute kommen. Und das alles ohne zusätzlichen Zucker.

Von Fertig gekauftes Müsli
Zu Knackiges Nussmüsli (siehe Seite 56)
Nutzen Das Einweichen der Haferflocken für das Müsli aktiviert die im Korn enthaltenen Enzyme, was den Eiweißgehalt erhöht und die Verdaulichkeit steigert – außerdem hat dieses Müsli einen niedrigeren glykämischen Index (hält also länger satt).

Von Fertig gekaufte Suppen
Zu Hausgemachte Suppen mit Hülsenfrüchten
Nutzen Frischeres Gemüse, kein Salz oder andere Zusatzstoffe, die die kommerziellen Versionen enthalten. Und nach Gusto kommt noch ein Topping drauf – zerstoßene Nüsse, Haferflocken und Kerne sind lecker und gesund.

Von Fertig gekaufter Nudelsalat
Zu Hausgemachte Salate auf Basis von Quinoa, braunem Reis oder Buchweizennudeln oder Salate aus Körnern und Wurzelgemüse mit Feta, geräuchertem Tofu und Samen, Nüssen oder anderen Beigaben
Nutzen In selbstgemachten Quinoa- und Buchweizengerichten sind wesentlich mehr Mineralstoffe enthalten als in industriell hergestellten Nudeln; diese Getreidesorten verursachen zudem keine Blähungen.

Von Fertig gekaufte Salatdressings
Zu Frische hausgemachte Dressings, die sich im Kühlschrank aufbewahren lassen
Nutzen Nichts geht über ein frisches Dressing. Kommerzielle Dressings enthalten Zusatzstoffe, Zucker und Salz, damit sie länger haltbar sind.

Von Tee und Kaffee
Zu Ingwer-, Zitronengras-, Fenchel- und Pfefferminztees; Löwenzahn- oder Zichorien-Kaffee (erhältlich im Reformhaus und Bioladen)
Nutzen Anregende frische Zutaten machen auf natürliche Weise wach und fit, ohne den anschließenden Energieabfall, wie er bei Koffein auftritt. Keine Zellulite (Koffein wird im Fettgewebe eingelagert und gilt als eine der Ursachen für Orangenhaut an Oberschenkeln und Gesäß).

Von Weißes Brot und Croissants
Zu Handelsübliches Roggenbrot oder Pumpernickel, Sonnenblumen- oder Kürbiskernbrot, hausgemachtes Kokosbrot (siehe Seite 160) oder eines der Brote auf den folgenden Seiten. Buchweizenzubereitungen wie Wraps oder Pfannkuchen
Nutzen Der Verzicht auf industriell hergestelltes Brot senkt Ihren Zucker- und Salzkonsum. Vollkornbrot besitzt mehr Vitamine und Mineralstoffe, ist leckerer und viel sättigender.

Von Fertig gekaufte Puddings und Süßspeisen
Zu Selbstgemachte Eiscremes oder Kuchen
Nutzen Kein Zucker, keine Zusatzstoffe. Voller frischer Früchte und Nussmilch als Proteinlieferant. Unschlagbar und kein Vergleich!

Die Reinigungsphase

Viele denken, der Körper würde sich schon von allein reinigen, was er auch tatsächlich tut. Doch bei all den schädlichen Inhaltsstoffen industriell hergestellter Lebensmittel und Getränke sowie all den Giftstoffen in der Luft, denen wir Tag für Tag ausgesetzt sind, lohnt es sich, diesen Schadstoffen mehrmals pro Jahr konsequent zu Leibe zu rücken.

Wann wird gereinigt?

Wir empfehlen das Reinigungsprogramm zu jedem Wechsel der Jahreszeiten – dann, wenn sich die Temperaturen verändern und sich der Körper von Natur aus neu anpasst.

Mit »Reinigungsprogramm« meinen wir nicht das, was man als Detox oder Entgiftung bezeichnet. Unser Körper scheidet Giftstoffe fortwährend über Urin, Kot und Schweiß aus, und die Leber besitzt ihr eigenes komplexes Entgiftungssystem. Unser Reinigungsprogramm ist vielmehr eine Methode, die körpereigenen Systeme bei diesen Prozessen zu unterstützen – und zwar in Form von nährstoffreichen Getränken und Gerichten, die die körpereigenen Ausscheidungsprozesse fördern.

Wie lange dauert das Reinigungsprogramm?

Ganz wie Sie wünschen – zwischen fünf Tagen und drei Wochen, je nachdem, wie tiefgreifend Sie Ihre Essgewohnheiten verändern wollen. Eine erstmals durchgeführte Reinigung sollte – ganz nach Ihrem Wohlbefinden – zwischen sieben und zehn Tage dauern. Wenn Sie sich voller Energie fühlen (was sicher der Fall sein wird), können Sie eine weitere Woche daranhängen, bevor Sie zu einer dauerhaft basischen Ernährung übergehen (siehe Seite 38).

Im ersten Schritt des Reinigungsprogramms lassen Sie alle Nahrungsmittel weg, die Sie regelmäßig oder in suchtähnlichen Mustern zu sich genommen haben (siehe »Wie ticken Sie?«, Seite 27); so wird das Verdauungssystem entlastet. Ist Kaffee Ihre »Droge«, dann muss es ohne gehen; ist ein Schokoladen-Croissant zum Frühstück Ihr Antrieb, dann werden Sie schnell feststellen, um wie viel besser Sie sich ohne es fühlen.

Die Reinigungsphase vorbereiten

Planen Sie für diese Phase viel Zeit zum Entspannen ein – keine wichtigen Geschäftstermine, keine Einladungen, bei denen Sie nur in Versuchung geführt werden. Idealerweise reservieren Sie sich täglich Zeit für ein bisschen Sport, zum Beispiel Yoga oder Pilates, Schwimmen oder Tanzen; dabei werden alle Muskelgruppen bewegt und die Verdauungsorgane stimuliert, sodass Giftstoffe besser ausgeschieden werden.

Stellen Sie sicher, dass Sie für jeden Tag die richtigen Lebensmittel in ausreichender Menge im Kühlschrank haben. Folgen Sie dem Menüplaner (siehe Seite 36). Wenn Sie in den ersten zwei Tagen alle zwei bis drei Stunden etwas zu sich nehmen – einen Saft oder Smoothie, eine Suppe oder einen Salat –, werden Sie keinen Hunger verspüren. Danach können Sie die Abstände auf drei bis vier Stunden ausdehnen. Trinken Sie viel, um in den ersten Tagen Heißhungerattacken zu vermeiden.

In der Reinigungsphase sind bestimmte Zubereitungsmethoden angezeigt: sämtliches Gemüse vorzugsweise dämpfen, bei niedriger Hitze in wenig Wasser dünsten, sanft garen und – am besten – roh zubereiten oder in Zitronensaft und Olivenöl marinieren, denn so bleiben die meisten Nährstoffe erhalten. Vermeiden Sie in dieser Phase bei hoher Hitze pfannengerührtes, gebackenes oder geröstetes bzw. gebratenes Gemüse, denn hohe Temperaturen zerstören Nährstoffe.

Der zunehmend basische Zustand führt schon in den ersten Tagen zu einem deutlich gesteigerten Wohlbefinden. Sie werden klarer denken, tiefer schlafen, sich besser konzentrieren können und mehr Energie haben als je zuvor. Ihre Haut wird strahlen, ihre Augen funkeln und Ihr Schritt wird dynamisch federn. Ihr Immunsystem wird Ihren Körper von alten Wehwehchen entledigen – Viren können erneut ausbrechen, aber nur kurz, denn das Immunsystem wird von Tag zu Tag stärker, und Sie werden sich so fit wie lange nicht mehr fühlen.

Nach Abschluss der Reinigungsphase folgt die Umstellung auf eine dauerhaft basische Ernährung. Nun wird die Auswahl an Speisen größer; es stehen alle Gerichte zur Auswahl, die Sie im zweiten Teil dieses Buches finden. Guten Appetit!

Während der Reinigungsphase verboten

Auf Folgendes sollten Sie während der Reinigungsphase vollständig verzichten:

Rotes Fleisch, Geflügel, Eier, Fisch und Meeresfrüchte
Grund Diese Lebensmittel sind vorwiegend säurebildend und brauchen zwei bis vier Tage, um den Verdauungsapparat zu durchlaufen. Angeraten sind jetzt Lebensmittel, die schnell verdaut werden.

Die meisten Milchprodukte (auch Ziegenmilch und Ziegenkäse, Schafs-Halloumi und Feta, die später wieder erlaubt sind)
Grund Säurebildend. Und: Die meisten tierischen Milchprodukte bilden im Atmungs- und Verdauungssystem Schleim, der die Aufnahme von Nährstoffen erschwert.

Kaffee, Tee, Cola-Getränke, Sprudelwasser
Grund Sie sind allesamt säurebildend, belasten die Adrenalindrüsen und hemmen die Nährstoffaufnahme. Die enthaltenen Tannine und Farbstoffe können Kopfschmerzen und Migräne auslösen. Kohlensäurehaltiges Wasser hat oft einen hohen Natriumgehalt.

Zucker in jeder Form
Grund Ist säurebildend und lässt den Blutzuckerspiegel stark schwanken; es kommt zu künstlichen Energieschüben, gefolgt von Müdigkeit. Zucker nährt zudem pathogene Darmbakterien, die Blähungen, Völlegefühl, Müdigkeit, Kopfschmerzen, Muskel- und sonstige Schmerzen verursachen.

Alle Arten von glutenhaltigem Brot und Gebäck (Weizen, Hafer, Roggen und Gerste)
Grund Hafer, Roggen und Gerste sind zwar sehr nährstoffreich, enthalten aber Gluten (den Eiweißanteil des Korns), das einen ohnehin schon überlasteten Verdaungstrakt zusätzlich »verklebt«. In der folgenden Phase der dauerhaft basischen Ernährung sind sie wieder zugelassen.

Couscous, Grieß, Dinkel (allesamt weizenverwandte Getreide)
Grund Sie enthalten am meisten Gluten, was eine Darmreinigung verhindert.

Linsen, Haferflocken, Kidneybohnen, Kichererbsen, Erdnussbutter
Grund Sie sind nur gering basisch und schwer verdaulich. In der dauerhaft basischen Ernährung sind sie akzeptiert, jetzt aber nicht.

Alle industriell hergestellten Frühstücks-Cerealien
Grund Sie sind zu stark raffiniert, enthalten viel Zucker, Salz und andere Zusatzstoffe. Belasten die Niere beim Ausscheiden anderer Giftstoffe.

Alle Reissorten (brauner, roter und Basmati)
Grund Passieren nur langsam den Darm.

Alle Fastfood-, Take-away-Gerichte und Fertigmahlzeiten
Grund Viele Zusatzstoffe und in hohem Maße raffinierte Zutaten erschweren dem Darm die Arbeit.

Handelsübliche Salzsnacks
Grund Frittiert und stark gesalzen, belasten sie die Nieren, dehydrieren den Körper und bringen den Salz-Kalium-Haushalt des Körpers aus dem Gleichgewicht.

Würzmittel wie Ketchup, Fertigsaucen, Essigzubereitungen, Senf und Pickles
Grund Sie sind säurebildend und bringen den Salz-Kalium-Haushalt des Körpers aus dem Gleichgewicht.

Alkohol (alle Arten von Wein und Spirituosen, Bier und Digestifs)
Grund Jede Art von Alkohol bildet im Darm Zucker und stört zudem den natürlichen Blutzuckerspiegel des Körpers. Alkohol führt zu Heißhungerattacken nach Süßem und Kohlenhydraten und hemmt die Nährstoffaufnahme des Körpers.

Das bekommt Ihnen in der Reinigungsphase

Die meisten Nahrungsmittel der Reinigungsphase sind pflanzlich und nährstoffreich; sie unterstützen den Reinigungsprozess auf Zellebene und liefern viele Ballaststoffe, die zur gründlichen Reinigung des Darms nötig sind. Sie können rohes oder gegartes Gemüse zu sich nehmen, aber je näher das Gemüse an seinem Urzustand bleibt, desto intakter und wirksamer sind die enthaltenen Nährstoffe.

Dunkelgrünes Blattgemüse

Grünkohl, Wirsing, Spinat, Rucola, Brunnenkresse, Petersilie, Koriandergrün, Sommer- und Wintersalate sowie Brokkoli eignen sich exzellent für Säfte (siehe Seite 37) und Smoothies (siehe Seite 46), für Salate oder, gedämpft, als Beilage.

Lauchgewächse

Zwiebeln, Lauch und Frühlingszwiebeln besitzen reinigende und leberunterstützende Eigenschaften; sie alle enthalten Amino-L-Cystein, das die Leber für ihre entgiftende Funktion benötigt. Dämpft man Lauchgemüse, entfaltet sich ein süßliches Aroma; roh in Säften und Smoothies genossen, bringen sie das Immunsystem auf Vordermann.

Supergreens

Es wurde viel über die Kraft jener Blaugrünen Uralgen (AFA-Algen) geschrieben, die in den unberührten Klamath-Seen in Oregon, USA, vorkommen; hier vermutet man das einzige schadstofffreie Wasser, das es auf unserem Planeten noch gibt. Klamath-Algen sind die reichste vegetarische Nährstoffquelle überhaupt. Wir empfehlen ½ Teelöffel dieses Algenpulvers (aufgelöst in ½ bis 1 Liter Wasser) pro Tag, entweder kombiniert mit einem der Säfte oder allein als Drink eingenommen. Je höher die Algenkonzentration, desto wirksamer der Nährstoffschub – probieren Sie es selbst!

Sprossen, Keime und Samen

Sprossen besitzen eine enorme Nährstoffdichte. Am besten täglich verzehrt, bieten sie die beste Eiweiß-Vitamin-Mineralstoff-Kombination und liefern Energie pur. Verwenden Sie als Dressing keinen Essig, sondern Zitronen- oder Limettensaft zusammen mit Oliven-, Nuss- oder Kernöl (wie Haselnuss-, Walnuss- oder Kürbiskernöl). Wählen Sie Bio-Sprossen und achten Sie darauf, dass sie keine braunen Spitzen haben. Am besten ziehen Sie Ihre Sprossen natürlich selbst in Keimschalen. Die besten Bohnensprossen sind jene von Mungo-, Soja- und Alfalfabohne sowie Linsen und Schälerbsen.

Obst

Während der Reinigungsphase sind nur Äpfel, Zitronen, Grapefruits und Limetten erlaubt, da sie sehr basisch sind. Auch Avocados sind zugelassen, weil sie viel Eiweiß, Vitamin E und essenzielle Fette enthalten, sollten aber nicht täglich verzehrt werden, da sie sehr reichhaltig sind.

Äpfel unterstützen Leber und Gallenblase bei ihrer Reinigungsfunktion. Sie süßen Säfte auf natürliche

Weise und liefern außerdem Pektin, das im Darm Giftstoffe löst und diese dank der Ballaststoffe auch schnell abtransportiert. Alle anderen Früchte wie beispielsweise Beeren sind in der folgenden Phase der dauerhaft basischen Ernährung wieder erlaubt.

Spirulina

Spirulina ist eine der kleinsten einzelligen Pflanzen und wird genauso positiv beurteilt wie die Blaugrüne Alge (siehe »Supergreens«, Seite 34). Spirulina enthält jede Menge Eisen und B-Vitamine (auch B_{12}, das besonders für Vegetarier wertvoll ist und in deren Ernährung oft fehlt). Studien haben bestätigt, dass Spirulina vielfältige hervorragende immunsystemstärkende und leberunterstützende Eigenschaften besitzt. Rühren Sie täglich einen Teelöffel Spirulina-Pulver in einen Saft oder eine kalte Suppe! Um die enthaltenen Nährstoffe nicht zu beeinträchtigen, darf Spirulina nicht erhitzt werden.

Meeresgemüse

Algen wie Wakame, Kelp, Nori und Kombu sind basisch und enthalten Kalzium, Kalium und Eisen. In der makrobiotischen Ernährungslehre spielen sie eine zentrale Rolle und wurden vor fünfzig Jahren von dem Japaner Michio Kushi in der westlichen Welt eingeführt. Für das Reinigungsprogramm können Sie diese Algensorten frisch kaufen oder getrocknete Algen einweichen und Säften, Smoothies und Suppen hinzufügen. Algen entgiften schnell und wirken sich positiv auf die Verdauung aus.

Alternativen zu Milchprodukten

In der Reinigungsphase ist lediglich Mandelmilch erlaubt. Sie ist rein basisch und enthält viel Magnesium, das entspannend auf Körper und Geist wirkt und die Verdauung beschleunigt. Mandelmilch kann man schnell selbst herstellen; hausgemachte ist in jedem Fall besser als fertig gekaufte, die oft gesüßt ist. Kaufen Sie Sojamilch in Bioqualität.

Die weiteren verschiedenen Nussmilch-Varianten (siehe Seite 53 und 57) empfehlen sich erst wieder für die folgende Phase der dauerhaft basischen Ernährung. Ebenso Reismilch, die aber nur ab und an verwendet werden sollte; aus braunem Reis hergestellt ist sie besser als aus weißem Reis.

Hanf- und Leinsamen sowie Erbsenprotein-Pulver

Inzwischen findet man diese Produkte in vielen Supermärkten. Die in Hanf- und Leinsamen enthaltenen essenziellen Fettsäuren wirken stark entzündungshemmend und werten Säfte und Suppen mit ihren vielen Mineralstoffen auf. Sie können auch Smoothies auf Sojabasis zugesetzt werden; mit ihrem Zink-, Kalzium- und Magnesiumgehalt unterstützen sie die Aufbau- und Reparaturprozesse des Körpers.

Kräutertees

Da man in der Reinigungsphase hauptsächlich Säfte, Suppen und Rohkostsalate zu sich nimmt, muss man viel trinken, um nicht zu dehydrieren. Stimulierende Tees wie Ingwer- und Fencheltee unterstützen die natürliche Reinigungsfunktion der Leber. Wir empfehlen, täglich zwischen fünf Tees abzuwechseln, sodass nicht ein einzelnes Reinigungsorgan über Gebühr strapaziert wird. Denken Sie daran, dass heißes Wasser mit etwas Zitronen- oder Limettensaft das bei weitem basischste Heißgetränk ist. Wenn Sie über den Vormittag verteilt drei oder vier Tassen davon zu sich nehmen, kommt Ihr Verdauungssystem gleich wunderbar in Schwung. Trinken Sie in der Reinigungsphase weder Grünen noch Weißen Tee; in der dauerhaft basischen Ernährung sind diese leicht koffeinhaltigen, jedoch enorm antioxidativen Sorten wieder erlaubt.

Der Menüplan für die Reinigungsphase

TAG 1

Morgens
Heißes Zitronenwasser beim Aufstehen
Morgen-Weckruf (Seite 47)
Quinoa-Porridge mit Macadamianuss-Milch (Seite 53)

Mittags
Falafel-Wraps mit Salsa und Joghurt (Seite 70)

Snack
Spinat-Kichererbsen-Hummus mit rohen Leinsamen-Crackern (Seite 167)

Abends
Gemüse-Tofu-Suppe (Seite 82)

TAG 2

Morgens
Heißes Zitronenwasser beim Aufstehen
Entgiftungssaft (Seite 37)
Buchweizen-Pfannkuchen (Seite 52), ohne Blaubeerkompott, dafür mit Sojajoghurt

Mittags
Gedämpfte Dill-Artischocken (Seite 75) mit frischem grünem Salat

Snack
Rote-Bete-Walnuss-Dip (Seite 166) mit glutenfreien Crackern

Abends
Fenchel-Birnen-Suppe (Seite 80)

TAG 3

Morgens
Heißes Zitronenwasser beim Aufstehen
Lebersaft (Seite 37)
Rohes Buchweizen-Zimt-Müsli (Seite 54) mit Mandelmilch (Seite 57)

Mittags
Salat von Brunnenkresse, geschmorten Zwiebeln und Pistazien (Seite 88)

Snack
Geräucherter Auberginendip (Seite 166) mit Rohkost-Stängeln

Abends
Geschichteter Gemüseauflauf (Seite 112)

TAG 4

Morgens
Heißes Zitronenwasser beim Aufstehen
Frischer Smoothie (Seite 46)
Knackiges Nussmüsli (Seite 56) mit Mandelmilch (Seite 57)

Lunch
Pikante Tofuspieße (Seite 124) und Zucchinispaghetti mit Minze-Mango-Marinade (Seite 126)

Snack
Grünkohl-Chips (Seite 159)

Abends
Champignon-Fenchel-Salat (Seite 100)

TAG 5

Morgens
Heißes Zitronenwasser beim Aufstehen
Feuchte-Kick (Seite 37)
Avocado auf geröstetem Brot (Seite 49) mit pochiertem Ei

Lunch
Butternut-Kürbissuppe (Seite 79)

Snack
Nussbutter (Seite 160) mit Rohkost-Stängeln

Abends
Tomaten-Pilz-Dhal (Seite 127) mit süßem Tomaten-Tabouleh (Seite 146)

Reinigende Säfte

In der Reinigungsphase kann die Bedeutung der Flüssigkeitszufuhr und Hydration nicht überschätzt werden. Die folgenden Rezepte enthalten eine Vielzahl von Nährstoffen, die Leber, Nieren und Darm bei der Ausscheidung eingelagerter Giftstoffe unterstützen. Diese Säfte geben Ihnen Energie und beugen Heißhungerattacken vor.

Entgiftungssaft

1 Fenchelknolle
½ oder 1 kleine Salatgurke
2½ cm frischer Ingwer
Saft von ½ Zitrone
1 grüner Apfel

Lebersaft

1 große Rote Bete (Rande)
2 Handvoll Spinat
3 Karotten
½ Handvoll glattblättrige Petersilie

Feuchte-Kick

1 Handvoll Brokkoliröschen
1 Birne
2 Stangen Sellerie
1 Zweig Minze

Immun-Booster

3 Rote Beten (Randen)
2 rote Äpfel
2½ cm frischer Ingwer
Saft von ½ Zitrone

Grüne Göttin

2 Äpfel
1 Handvoll Grünkohl
½ Salatgurke
1 Handvoll Brunnenkresse

Die Zutaten im Entsafter zu Saft verarbeiten.

Die dauerhaft basische Ernährung

Nach der Reinigungsphase werden Sie feststellen, dass Sie sich ganz einfach gut fühlen, klarer denken, mehr Energie besitzen, erfrischt aufwachen und motiviert sind, Ihre Essgewohnheiten umzustellen. Dabei geht es nicht darum, sich zu jedem Zeitpunkt hundertprozentig »korrekt« zu ernähren; wir möchten Sie vielmehr ermutigen, sich jeden Tag ein bisschen besser zu ernähren – denn nun wissen Sie ja bereits, wie gut es tut, auf das viele Wertlose zu verzichten, das einen Großteil unserer Ernährung ausmacht. Auch wenn Sie vielleicht zeitlichen oder finanziellen Zwängen unterliegen oder nicht die Möglichkeit haben, immer alle Zutaten frisch einzukaufen – es liegt an Ihnen allein, die Verantwortung für Ihre Gesundheit zu übernehmen und dafür zu sorgen, dass Sie Ihre Essgewohnheiten positiv verändern.

Küchenausstattung

Es lohnt sich, Ihre Küche mit ein paar Dingen auszustatten, die Ihnen das Leben erleichtern. Kaufen Sie teure Geräte wie Küchenmaschine, Standmixer oder Entsafter im Schlussverkauf oder suchen Sie im Internet nach Schnäppchen. Mit diesen Geräten geht die Zubereitung schneller und bequemer von der Hand.

- Standmixer: Vitamix (der beste) oder ein anderes leistungsstarkes Gerät mit hoher Umdrehungszahl
- Entsafter
- Küchenmaschine
- Pürierstab (toll für Suppen und Dips)
- Gemüsereibe
- gute Messer
- Schneide- und Hackbretter
- Schongarer (Slow Cooker)
- Dörrgerät
- Spiralschneider

DER VORRAT

Stellen Sie sicher, dass Sie alle benötigten Zutaten zu Hause haben. Gut vorbereitet ist halb gekocht! Haben Sie die richtigen Trockenzutaten, Kräuter und Gewürze im Vorrat, müssen Sie nur noch die frischen Zutaten hinzukaufen.

Mit folgenden Ingredienzien sind Sie für die meisten Rezepte dieses Buches gerüstet:

- Kichererbsen, Limabohnen, Schwarzaugenbohnen, Pintobohnen, rote Kidneybohnen
- Rote und braune Linsen, Puy-Linsen, schwarze Beluga-Linsen, rote Dhal-Linsen, gelbe Schälerbsen
- Perlgraupen, brauner Reis (Vollkornreis), roter Camargue-Reis, schwarze Reisnudeln, Buchweizennudeln
- Getrocknete Wakame, Nori, Algen
- Getrocknete Früchte zum Einweichen für Birchermüsli (Aprikosen, Cranberries, Gojibeeren, Sultaninen, Rosinen)
- Kreuzkümmel, Kurkuma, Senfsamen, Zimt, Muskat, Piment, Lorbeerblätter, Koriandersamen, Fenchelsamen, Kreuzkümmelsamen, Pfefferkörner, Paprikapulver, Cayennepfeffer, Gewürzsumach
- Agavensirup, Manuka-Honig, Xylitol, Yakonsirup
- Cashewkerne, Mandeln, Haselnüsse, Pekannüsse, Walnüsse (im Kühlschrank aufbewahren)
- Mandel-, Haselnuss- und Cashewbutter, Tahini (nach dem Öffnen im Kühlschrank aufbewahren)
- Kokosbutter und Kokosmilch
- Kakaopulver und Kakaobutter
- Apfelessig, Balsamicoessig, Tamari (glutenfreie Sojasauce), Mirin (Reiswein)

Garmethoden für die dauerhaft basische Ernährung

Die für die Reinigungsphase empfohlenen Garmethoden (siehe Seite 32) eignen sich auch für die Phase der dauerhaft basischen Ernährung. Hinzu kommt das Sautieren, das kurze Anbraten in Fett, von Gemüse, Tofu und Körnern vor dem eigentlichen Garen. Sautiert wird in Öl, und zwar bei einer niedrigeren Temperatur als beim Frittieren, sodass die Zutaten weich, aber nicht übergart werden und die enthaltenen Nährstoffe erhalten bleiben.

Heilende Kräuter und Gewürze

Jedes Rezept sollte ein, zwei oder mehr der folgenden fantastischen Kräuter und Gewürze enthalten – schon nach kurzer Zeit werden Sie ihre wohltuende Wirkung bemerken.

Kurkuma

Eine unserer Lieblingszutaten. Dieses Gewürz wird in der Ayurveda-Medizin seit über dreitausend Jahren eingesetzt, um das Immunsystem auf Trab zu bringen und damit Infektionen, Viren und womöglich auch Krebs vorzubeugen. Die gelbe Farbe stammt von den Kurkuminoiden, ein sowohl in Kurkuma wie auch in Kreuzkümmel enthaltener Stoff, der entzündungshemmend wirkt und Leber sowie Gallenblase bei ihrer natürlichen Entgiftungsfunktion unterstützt.

Ingwer

Eine weitere Lieblingszutat. Wir bevorzugen frischen Ingwer, aber auch das getrocknete Pulver ist wohltuend. Ingwer unterstützt die Leber beim Ausleiten von Giftstoffen, lindert morgendliche Übelkeit in der Schwangerschaft sowie Reisekrankheit, hilft Cholesterinspiegel und Bluthochdruck zu senken und ist ein wunderbares Hauttonikum. Wir geben Ingwer gerne in grüne Smoothies, in Brot, Salate und Hauptgerichte – Ingwer gibt Aroma und neue Energie.

Chilis

Frisch sind sie am besten, aber auch getrocknete Chilis gehen. Die Schärfe verleiht ihnen das Capsaicin, das gering dosiert auch in Paprika vorkommt. Capsaicin stimuliert den Stoffwechsel, unterstützt die Schilddrüse, wirkt gegen Heißhunger und fördert die Verdauung. Wer einen leichten Schlaf hat, sollte Chilis am Abend meiden, denn sie fördern lebhafte Träume.

Knoblauch

Viele unserer Gerichte enthalten Knoblauch (frisch oder getrocknet als Pulver). Er wirkt antibakteriell, antiviral, antiparasitär und leberunterstützend. Amino-Cystein ist die wichtigste Heilkomponente, die auch die Leber bei der Entgiftung unterstützt.

Gewürzsumach

Dieses leicht säuerliche Gewürz, das im Mittleren Osten eine jahrtausendealte Tradition hat, ist seit einigen Jahren auch bei uns bekannt. Es wird aus den Beeren des gleichnamigen Strauchs (Rhus coriaria) gewonnen und würzt rohe wie gegarte Gerichte. Sumach stimuliert die Verdauungsenzyme im Mund (Ptyalin), die kompakte Proteine wie jene von Nüssen, Sojaprodukten und Hülsenfrüchten aufspalten helfen.

Senfsamen

Anders als der fertige Senf aus dem Glas oder der Tube haben die schlichten Senfsamen sehr viel Besseres zu bieten: Sie geben Suppen und Salaten Aroma und unterstützen die Magensäurebildung für eine bessere Verdauung. Senfsamen sind eine gute Selenquelle und befeuern damit Stoffwechsel und Immunsystem.

Essensplanung

In diesem Buch finden Sie mehr als 100 Rezepte, und Sie werden erstaunt sein, wie schnell und einfach sie zuzubereiten sind. Suchen Sie sich Frühstücks-, Mittags- und Abendgerichte für zwei, drei Tage heraus und kaufen Sie alle Zutaten ein. Auf diese Weise starten Sie stressfrei in die Phase der dauerhaft basischen Ernährung.

Beginnen Sie an einem Wochenende

Wenn Sie Vollzeit arbeiten, lautet unsere Empfehlung: Kaufen Sie am Samstag für die folgenden drei, vier Tage ein und bereiten Sie alles, was nicht ultrafrisch sein muss, bereits am Sonntag vor – dann müssen Sie sich schon einmal über die erste Wochenhälfte nicht den Kopf zerbrechen.

Frisches Essen sollte allerdings genau das sein: frisch! Kaufen Sie daher keine Riesenmengen Obst und Gemüse, es sei denn, Sie wollen beispielsweise Suppen und Eintöpfe vorkochen und einfrieren. Und das ist zu Beginn der Ernährungsumstellung auch tatsächlich eine gute Idee – so starten Sie stressfrei in diesen Abschnitt. Sie werden bald sehen, wie schnell und einfach die tägliche Zubereitung bestimmter Dinge ist; es lohnt sich wirklich, frische Säfte, Smoothies und Salate erst kurz vor dem Verzehr zuzubereiten – so ist ihr Nutzen am größten.

Snacks erwünscht

Im Rezeptteil schlagen wir zahlreiche Snacks vor, süße wie pikante, denn gerade beim kleinen Hunger zwischendurch fallen viele Menschen wieder in alte Essmuster zurück. Die meisten industriell hergestellten Müsliriegel sind allerdings voller Zucker (der unter anderem auch als Konservierungsmittel dient); selbstgemachte Müsliriegel (siehe Seite 150) oder süße Körnerriegel (siehe Seite 152) sind viel besser! Analog dazu enthalten handelsübliche Dips und Aufstriche viel Salz und Zusatzstoffe, um Oxidation und Verderb zu verhindern. Dabei ist Hummus in fünf Minuten zubereitet (siehe Seite 167), und zusammen mit Sellerie, Karotten, Zuckerschoten oder Gurke, die im Kühlschrank lagern, hat man den besten, basischsten Snack, den man sich vorstellen kann. Auch Avocado auf geröstetem Brot ist lecker und schnell gemacht und sorgt mit seinem ausgewogenen Eiweiß-Kohlenhydrat-Verhältnis für eine langfristige Energiereserve.

Gesunde Verpflegung unterwegs

Was Sie unterwegs in Bäckereien, Cafés oder an Imbissständen bekommen, enthält viel Fett, zu viel Zucker und Salz und ist somit enorm säurebildend. Dies entwässert den Körper und schürt den Heißhunger nach mehr. Vermeiden Sie diesen Teufelskreis!

Nehmen Sie eine Tüte Sprossen, Nüsse und Kerne mit – diese gesunden Proteine halten Sie über Stunden hinweg satt. Für eine lange Autofahrt backen Sie ein Kokosbrot (Seite 160), einige Schoko-Kokos-Kugeln (Seite 156) oder Knuspermüsli-Riegel (Seite 150), oder bereiten Sie Dips (Seite 166/167) und Rohkost-Stängel zu. Pressen Sie frische Säfte, die Sie in Thermoskannen abfüllen. So kommen Sie frisch und fit an ihrem Zielort an – statt müde, mit Blähbauch und schlechter Laune.

Energie von früh bis spät

In unserer hektischen Welt mit ihren vielfältigen Belastungen wird das Essen oft hintangestellt oder findet zwischen Tür und Angel statt. Wir möchten Sie dazu ermutigen, Ihren Tag rund um das Essen herum zu planen und nicht umgekehrt. In Frankreich und anderen europäischen Ländern, in China und Japan legen große Unternehmen bei ihren Mitarbeitern auf regelmäßige Essenspausen und Mahlzeiten Wert, denn sie wissen, wie sehr diese die Produktivität beeinflussen. Für viele (vor allem all jene, die allein arbeiten) erfordert dies jedoch viel Disziplin. Deshalb empfehlen wir eine feste Mittagszeit, die Sie mit dem Handy-Wecker markieren. Wenn Sie zum Mittagessen Ihren Schreibtisch für mindestens eine halbe Stunde verlassen, werden Sie in den folgenden drei Stunden

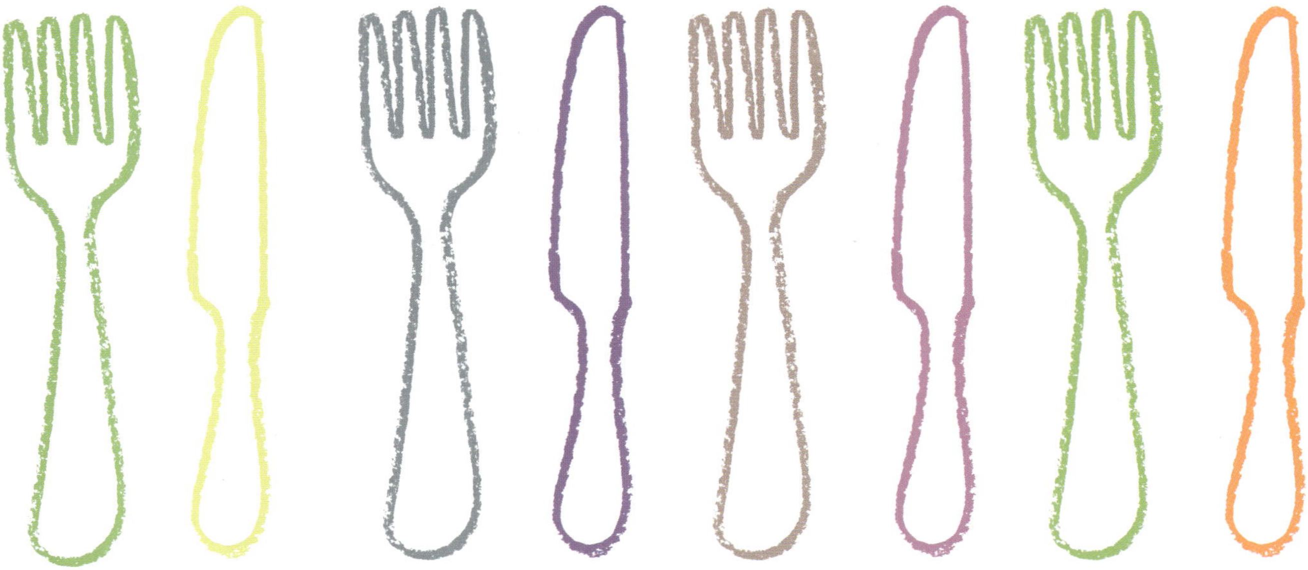

doppelt so produktiv sein. Wer die Mahlzeiten einfach auslässt, hat mit deutlichem Produkuktivitätsabfall zu kämpfen. Wenn Sie bis spät in den Abend arbeiten, sollten Sie am späten Nachmittag einen eiweißreichen Snack (zum Beispiel den Rote-Bete-Walnuss-Dip, Seite 166) oder eine Mini-Mahlzeit (wie die Falafel-Wraps mit Salsa und Joghurt, Seite 70) zu sich nehmen – so bleibt der Blutzuckerspiegel stabil, Konzentration und Aufmerksamkeit bleiben geschärft, und die eine investierte Stunde zahlt sich vielfach aus.

Essen, um Sport zu treiben

Manche treiben gleich nach dem Aufstehen Sport, andere in der Mittagspause, wieder andere am Feierabend (und manch einer gar nicht!). Sport hält den Körper in Form, schüttet Endorphine aus, die wiederum die Serotoninproduktion stimulieren – also jene berühmten »Glückshormone«, die in unserem Gehirn die Motivation steigern und sich außerdem positiv und beruhigend auf die Verdauung auswirken. Es ist sicher kein Zufall, dass Top-Manager oft begeisterte Sportler sind. Sie kennen die Bedeutung von Endorphinen und Serotonin; sie schätzen den Wohlfühlfaktor und das Gefühl, alles unter Kontrolle zu haben.

Sport am Morgen

Wenn Sie gerne morgens joggen, sollten Sie davor keine feste Nahrung zu sich nehmen – mehr als einen eiweißreichen Shake brauchen Sie nicht (siehe Smoothies, Seite 46 bis 48). Mit Soja- oder Mandelmilch (siehe Seite 57), Hanf- oder Leinsamen, Mandeln, Cashewkernen und Walnüssen bekommen Sie sowohl Eiweiß wie auch essenzielle Fettsäuren. Eine halbe Stunde nach dem Joggen können Sie dann feste Nahrung mit einem ausgewogenen Verhältnis von Eiweiß, essenziellen Fetten und Kohlenhydraten zu sich nehmen, zum Beispiel das rohe Buchweizen-Zimt-Müsli (Seite 54).

Sport in der Mittagspause

Wenn Sie mittags Sport treiben, sollten Sie am Vormittag einen komplexen Kohlenhydratsnack zu sich nehmen, zum Beispiel Dinkel- oder Roggenbrot mit einem Dip Ihrer Wahl. Damit füllen Sie die Glukosespeicher in den Muskeln, die dafür sorgen, dass Sie sich nach dem Sport nicht erschöpft fühlen. Ein ausgewogener Imbiss am Nachmittag stabilisiert Ihren Blutzuckerspiegel und gibt Ihnen bis zum Feierabend Konzentration und Energie.

Sport am Abend

Wenn Sie abends Sport treiben, brauchen Sie einen Imbiss, eine Art zweites Mini-Mittagessen am Nachmittag (das kann auch eine zusätzliche Portion des Mittagsgerichts sein) – nur so haben Sie abends noch genug Energie für den Sport. Suppen liefern ein ausgewogenes Verhältnis von energiespendenden komplexen Kohlenhydraten und Eiweißen. Kombinieren Sie Perlgraupen, Quinoa oder Buchweizen mit saisonalem Gemüse; so nehmen Sie genug Antioxidantien zu sich, die beim Sport entstehende Freie Radikale unschädlich machen. Nehmen Sie eine Thermoskanne Suppe mit zur Arbeit oder bereiten Sie die Suppe zu Hause vor und genießen Sie sie nach Ihrer Rückkehr.

Tipp für Yoga-Fans: Einige Stunden vor dem Üben nichts Festes essen, denn viele Asanas wirken direkt auf den Verdauungsapparat, was kurz nach dem Essen unangenehm sein kann. Maximal eine halbe Stunde vor Übungsbeginn noch einen Gemüsesaft trinken.

Und für alle, die gar keinen Sport treiben: Bewegt euch! Bewegungsmangel führt zu Säurebildung im Körper, und dies wiederum führt zu Energiemangel und Depressionen – es gibt zahlreiche Untersuchungen, die diese Zusammenhänge belegen. Bewegungsmangel hat eine kurze, flache Atmung zur Folge, was ebenfalls säurebildend ist und den Abtransport von Giftstoffen aus dem Körper behindert. Zudem ist Sport der beste Stresskiller – und Stress ist die Hauptursache von Krankheiten!

Die Folgen von Stress durch das richtige Essen bekämpfen

Zahlreiche Untersuchungen zeigen, dass Stress zu vermehrter Ausschüttung von Cortisol führt, einem Hormon, das von den Adrenalindrüsen in der Nebenniere als Antwort auf unsere natürliche Fluchtreaktion gebildet wird. So wird akuter Stress kontrollierbar; die Adrenalindrüsen haben den Zweck, unsere Reaktionen auf Angst, Überraschung, Schock und andere Überlebensmechanismen zu regulieren und so das Überleben zu sichern. Chronischer Stress schädigt jedoch die Nebennieren und in der Folge auch die Schilddrüse; zudem führt Stress zu Säurebildung im Körper. Deshalb werden Menschen, die unter beruflichem Dauerstress stehen, die sich intensiv um ein anderes Familienmitglied kümmern oder unter großem finanziellem Druck leiden, oft krank. Dies ist ein Signal des Körpers, besser für die eigene Gesundheit zu sorgen. In einer solchen Situation, in der der Körper zu viel Säure produziert, ist der basische Ansatz von unschätzbarem Wert. Andernfalls kann es zu Entzündungen kommen, die Vorboten ernster Erkrankungen sind.

Warten Sie nicht, bis Ihr Leben völlig aus den Fugen gerät, sondern übernehmen Sie jetzt Verantwortung für Ihre Gesundheit und beginnen Sie mit unserer Säure-Basen-Ernährung. Sie werden sich so gut fühlen wie in all den Jahren zuvor nicht mehr. Ihre Energie wird zurückkehren, Ihr Gewicht wird sich ganz von allein auf dem für Sie optimalen Niveau einpendeln und Sie werden innerhalb weniger Monate deutlich jünger aussehen.

Wir möchten, dass es Ihnen so ergeht wie uns beiden und dass Sie die Wohltaten eines basisch ausgerichteten Lebensstils entdecken. Basische Ernährung ist ganz einfach – wir wissen es, denn wir tun es Tag für Tag. In diesem Sinne: Ran an die Töpfe. Ganz gleich, ob Gemüse oder Süßes – mit den Rezepten in diesem Buch sorgen wir dafür, dass sie Ihnen immer das Bestmögliche geben. Genießen Sie mit Leib und Seele und Verstand!

Der Menüplan für die dauerhaft basische Ernährung

TAG 1

Morgens
Knackiges Nussmüsli (Seite 56) mit Nuss- oder Mandelmilch (Seite 57)
Grüner Smoothie (Seite 46/47)

Mittags
Spanische Tortilla mit Dill und Süßkartoffeln (Seite 110), dazu ein einfacher grüner Salat oder Graupensalat mit Dicken Bohnen (Seite 99)

Snack
Rote-Bete-Walnuss-Dip (Seite 166) mit Leinsamen-Crackern (Seite 167)

Abends
Gelbes Thaicurry mit Jasminreis (Seite 142)

TAG 2

Morgens
Rührei und mit Ziegenkäse überbackene Riesenchampignons (Seite 60)
Entgiftungssaft (Seite 37)

Mittags
Mais-Bohnen-Bratlinge (Seite 122) mit Feta-Gurken-Spinat-Salat (Seite 123)

Snack
Eine Handvoll eingeweichte rohe Mandeln

Abends
Gemüse-Tofu-Suppe (Seite 82) mit geröstetem Süßkartoffelbrot (Seite 162)

Dessert
Schokoladenmousse (Seite 170)

TAG 3

Morgens
Avocado auf geröstetem Brot (Seite 49)
Mango-Kokos-Smoothie (Seite 48)

Mittags
Butternut-Kürbissuppe (Seite 79)

Snack
Geräucherter Auberginendip (Seite 166) mit Gemüse-Rohkost

Abends
Salat von Linsen und karamellisierten Birnen (Seite 94)

TAG 4

Morgens
Schichtmüsli mit Nüssen und Beeren (Seite 55)
Grüne Göttin (Seite 37)

Lunch
Quinoa-Cranberry-Burger (Seite 116) mit Granatapfel-Mozzarella-Salat (Seite 98)

Snack
Grünkohl-Chips (Seite 159)

Abends
Rote-Bete-Risotto mit rotem Reis (Seite 130)
Süßkartoffel-Schoko-Brownies (Seite 174)

TAG 5

Morgens
Buchweizen-Pfannkuchen mit Blaubeerkompott (Seite 52)

Lunch
Gedämpfte Dill-Artischocken (Seite 75), dazu Wurzelgemüsesalat mit Walnüssen (Seite 98)

Snack
Spinat-Kichererbsen-Hummus (Seite 167) mit Rohkost-Stängeln

Abends
Nudel-Tofu-Salat mit Mirindressing (Seite 121)
Mango-Kokos-Kugeln (Seite 156)

Frühstück

Grüne Smoothies

Ein grüner Smoothie ist nicht einfach nur ein Saft, sondern eine Mischung aus Wasser, Blattgemüse und Obst, alles fein püriert. Im Mixer werden die Zellulosestrukturen der grünen Blattgemüse aufgebrochen und die darin enthaltenen wertvollen Nährstoffe freigesetzt. Was das Obst angeht, können Sie beliebig variieren und nach Wunsch zusätzliche Zutaten hinzufügen. Verwenden Sie etwa 40 Prozent Grüngemüse und 60 Prozent Obst sowie ausreichend Wasser, um den Mixvorgang zu ermöglichen. Fügen Sie nach Belieben weiteres Wasser hinzu, bis der Smoothie die gewünschte Konsistenz hat. Smoothies sind schnell und einfach zuzubereiten und sind eine ideale Ergänzung für jeden Speiseplan und jeden Lebensstil.

Zubereitung der folgenden Smoothies: Pürieren Sie die Zutaten in einem Vitamix-Mixer oder einem anderen Mixer mit hoher Umdrehungszahl. **Alle Rezepte ergeben jeweils 2 Portionen.**

Frisch

1 reife Birne, entkernt und zerkleinert
1 Bund Grünkohl
1 Zweig Minze
250 ml gereinigtes oder gefiltertes Wasser
250 ml Apfelsaft

Süßer Feuchtigkeitsspender

1 weiche reife Birne
1 Banane
1 gute Handvoll junge, zarte Spinatblätter
1 TL Agavensirup
250 ml Kokoswasser

Eisig-fruchtig

1 Bund Pak Choi, grob gehackt
1 Banane
125 g tiefgefrorene Himbeeren
125 g tiefgefrorene Blaubeeren
350 ml gereinigtes oder gefiltertes Wasser

Pikant

1 Handvoll Spinat
125 g tiefgefrorene Blaubeeren
1 reife Birne, entkernt und zerkleinert
½ reife Banane
1 TL geriebener frischer Ingwer
250 ml gereinigtes oder gefiltertes Wasser

DAS KANN MAN HINZUFÜGEN …

Probiotisches Pulver • Omega-Öle (wir lieben die von Udo Erasmus, Udo's Choice) • rohe Leinsamen • Spirulina • Weizengras • Maca • Lucuma (süß) • Hanf-Proteinpulver (Achtung: recht erdiges Aroma)
Oder fügen Sie statt all des supergrünen Gemüses einfach SuperGreens-Pulver oder ein anderes grünes Basenpulver hinzu.

Morgen-Weckruf

1 Kopf Pak Choi, grob gehackt
½ Papaya
½ Mango
125 ml gereinigtes oder gefiltertes Wasser
250 ml Kokoswasser
1 EL gemahlene rohe Leinsamen
1 TL Spirulina-Pulver oder ein anderes grünes Basenpulver
2 probiotische Kapseln (Kapseln öffnen und den Inhalt zu den anderen Zutaten geben)
1 EL Omega-Öl

Hautschmeichler

10 cm langes Stück Salatgurke, grob gehackt
1 Handvoll Spinat
Saft von 1 Zitrone
2 Stangen Sellerie, grob gehackt
1 Kiwi
¼ Avocado
475 ml gereinigtes oder gefiltertes Wasser

TIPPS

- **Anstelle von Wasser können Sie immer auch Kokoswasser verwenden.**
- **Für mehr Süße: Agavensirup dazugeben.**

Obst-Smoothies

Diese Smoothies sind unschlagbar: Sie besitzen cholesterinsenkende Ballaststoffe, energiespendende komplexe Kohlenhydrate und Proteine für Zellaufbau und Reparatur.

Mango-Kokosnuss

⅓ Mango, in Scheiben aufgeschnitten
1 Banane
475 ml Kokoswasser
40 g Kokosraspel (ungesüßt)
½ TL Vanilleextrakt

Beeren satt

125 g gemischte Beeren
150 g rohe ungeschälte Mandeln
1 reife Banane
⅛ TL Zimt
1–2 EL Agavensirup (oder einige Tropfen Stevia), je nach Süße der Beeren

Schoko-Nuss

475 ml Macadamianuss-Milch (siehe Seite 53)
2 sehr reife Bananen
2 EL ungesüßtes Kakaopulver
1 TL Vanilleextrakt
2 EL Agavensirup (oder nach Belieben)

Blaubeer-Nuss

250 ml Hanfmilch (siehe Seite 57)
250 ml Apfelsaft
2 Bananen
250 g Blaubeeren
30 g rohe ungeschälte Mandeln
30 g rohe ungeschälte Walnüsse
2 EL rohe Leinsamen

Paranuss-Beeren

125 g Erdbeeren
125 g Himbeeren
125 g Blaubeeren
50 g rohe Paranüsse
750 ml gereinigtes oder gefiltertes Wasser
2 Eiswürfel
3 Dörrpflaumen
1 EL gemahlene rohe Leinsamen
¼ TL Zimt

Alle Zutaten in einem Vitamix- oder einem anderen Mixer mit hoher Umdrehungszahl fein pürieren.
Ergibt jeweils 2 Portionen.

Avocado auf geröstetem Brot

Für 1 Portion

1 reife Avocado
1 EL Olivenöl extra vergine
Saft von ½ Zitrone
1 Scheibe geröstetes Brot (siehe Seite 160ff.)
schwarzer Pfeffer aus der Mühle

Superschnell und einfach zubereitet, sättigend und nährstoffreich: der perfekte Start in den Tag. Aber auch als energiespendender Nachmittagssnack nicht zu verachten.

Die Avocado entsteinen und grob würfeln. Behutsam das Olivenöl und den Zitronensaft unterheben. Auf der gerösteten Brotscheibe verteilen.

Mit schwarzem Pfeffer aus der Mühle würzen und sofort servieren.

Nicht alles, was lecker ist, ist verboten – ganz im Gegenteil! Macadamianüsse und Granatapfelkerne tragen zu einem niedrigeren Cholesterinspiegel bei, und Quinoa zählt zu den eiweißreichsten Getreidesorten überhaupt.

Buchweizen-Pfannkuchen

Für 6 bis 8 Stück

♥♥

70 g Buchweizenmehl
70 g Reismehl
1 TL Backpulver
½ Himalajasalz
300 ml braune Reismilch
(siehe Seite 57)
1 EL Zitronensaft
1 EL Sonnenblumenöl
1 EL Reissirup
Sonnenblumenöl zum Ausbacken

Was gibt es an einem faulen Wochenende Schöneres als ein leckeres, üppiges Frühstück? Sie können gerne experimentieren – geben Sie ein bisschen Honig, gedämpftes Obst oder vielleicht sogar eine Schokoladensauce hinzu. (Foto Seite 50)

Buchweizenmehl, Reismehl, Backpulver und Salz in einer großen Schüssel vermischen.

Reismilch, Zitronensaft, Öl und Reissirup in einer separaten Schüssel gründlich verrühren und anschließend behutsam unter die Mehlmischung heben, ohne den Teig zu stark zu rühren.

Eine Pfanne dünn mit Öl fetten und bei mittlerer Hitze erwärmen. Nach Belieben einen kleinen Tortenring in die Pfanne setzen und 1 EL Teig hineingeben. Den Teig stocken lassen, bis an der Oberfläche kleine Luftblasen erscheinen. Erst jetzt wenden (dazu den Ring abheben) und etwa 1 weitere Minute backen, bis der Teig fest ist. Mit dem restlichen Teig ebenso verfahren.

Die Pfannkuchen in mehreren Lagen aufeinanderstapeln, dazwischen jeweils etwas Blaubeerkompott (siehe unten) und Sojajoghurt geben. Oder aber frisches Obst und Agavensirup dazu reichen.

Blaubeerkompott

♥♥♥

200 g Blaubeeren, abgespült
und abgetropft
2 TL Wasser
1 EL Honig

Alle Zutaten in einem Topf bei niedriger Hitze unter gelegentlichem Rühren 10 Minuten köcheln lassen, bis die Beeren schön weich sind.

Das Kompott gut umrühren, sodass es sämig wird. Warm oder kalt mit Pfannkuchen, Müsli oder Joghurt servieren.

Quinoa-Porridge mit Macadamianuss-Milch

Für 4 Portionen

1 Granatapfel
200 g Quinoaflocken
75 g Gojibeeren
1 Zimtstange
475 ml Macadamianuss-Milch (siehe unten)
750 ml Wasser
100 g Himbeeren

Macadamianüsse bewegen sich zwar im sauren pH-Bereich, kurbeln aber mit vielen essenziellen Fetten und Zink das Immunsystem an, und in diesem Rezept steuern Gojibeeren zusätzlich noch das Antioxidans Beta-Karotin bei. Dies ist eine eiweißreichere Variante als die gewöhnliche Zubereitung aus Haferflocken. (Foto Seite 51)

Den Granatapfel auf der Arbeitsfläche unter leichtem Druck rollen, damit sich die Kerne lösen. Dann die Frucht halbieren und die Kerne mit einem Teelöffel auskratzen (siehe auch Hinweis Seite 98) und beiseitestellen.

Quinoaflocken, Gojibeeren, Zimtstange, 250 ml der Macadamianuss-Milch und 475 ml des Wassers in einem Topf unter ständigem Rühren bei mittlerer Hitze 2–3 Minuten erwärmen. Dann die Himbeeren dazugeben und mit dem Kochlöffel etwas zerdrücken. Das restliche Wasser hinzufügen und die Masse unter Rühren 2 Minuten lang bis zum Siedepunkt erhitzen.

Die restliche Macadamianuss-Milch in einem separaten Topf erhitzen.

Das Porridge in 4 Schüsseln verteilen, mit der heißen Macadamianuss-Milch übergießen und mit Granatapfelkernen bestreut servieren.

Macadamianuss-Milch

200 g rohe Macadamianüsse, etwa 4 Stunden eingeweicht und abgetropft
750 ml–1 l gereinigtes oder gefiltertes Wasser

Die Zutaten in einem Vitamix- oder anderen Mixer mit hoher Umdrehungszahl pürieren, dann durch ein Musselintuch oder ein feines Haarsieb streichen.

In einem luftdicht verschlossenen Glas hält sich diese Nussmilch im Kühlschrank 2 Tage.

Buchweizen-Zimt-Müsli

Buchweizen enthält viel Rutin, ein Bioflavonoid, das die Elastizität der Kapillargefäße und Venen stärkt, das Herz-Kreislauf-System unterstützt und Besenreisern sowie Krampfadern an den Beinen vorbeugt.

Für 2 Portionen

- 150 g roher Buchweizenschrot
- 75 g rohe Mandeln, über Nacht eingeweicht und abgetropft
- 75 g gemischte rohe Kürbiskerne, Sonnenblumenkerne und Leinsamen
- 1 TL Zimt
- 75 g Rosinen und gehackte getrocknete Feigen, gemischt
- 3 EL Agavensirup
- 1 EL Kokosraspel (ungesüßt)

Den Buchweizenschrot über Nacht in kaltem Wasser einweichen, abgießen und gründlich abspülen. Mit frischem Wasser bedeckt einen weiteren Tag einweichen lassen. Nochmals gründlich abspülen und gut abtropfen lassen. Alternativ den Schrot zum Kochen bringen und bei niedriger Hitze 15 Minuten köcheln lassen. Kalt abschrecken, gut abtropfen lassen und mit dem Rezept fortfahren.

Alle Zutaten in einer Schüssel gut vermischen, dünn auf dem Blech eines Dörrgeräts verteilen und bei 40 bis 43 Grad 10 Stunden trocknen lassen. Alternativ die Mischung dünn auf einem mit Backpapier belegten Blech verteilen und entweder bei niedrigster Temperatur und geöffneter Backofentür 10 Stunden trocknen lassen. Oder aber das Blech in den auf 110 Grad vorgeheizten Ofen schieben und 1 Stunde backen.

Die Mischung vollständig abkühlen lassen, dann mit Joghurt oder laktosefreier Milch und frischem Obst servieren.

GUT ZU WISSEN

Zimt wirkt entzündungshemmend, hilft gegen Völlegefühl, Blähungen und allgemeine Bauchbeschwerden.

Schichtmüsli mit Nüssen und Beeren

Für 2–4 Portionen

100 g rohe Walnüsse
100 g rohe Mandeln
50 g rohe Kürbiskerne
50 g rohe Sonnenblumenkerne
50 g rohe Leinsamen
1 Schale Blaubeeren
1 Schale Himbeeren
1 Portion Vanille-Cashew-Creme (unten)

Wenn Sie Nüsse und Kerne auf Vorrat haben, können Sie dieses leckere Frühstück in ein paar Minuten zubereiten (Einweichzeit nicht vergessen!).

Alle Nüsse und Kerne 30 Minuten bis 1 Stunde einweichen, dann abgießen. Im Blitzhacker in kurzen Intervallen grob hacken; die kernige Textur soll erhalten bleiben.

Zum Servieren eine Schicht Beeren in ein Glas geben, darauf eine Schicht Nüsse verteilen und diese mit einer Schicht Vanille-Cashew-Creme bedecken. Die Schichten wiederholen und zuletzt mit Beeren dekorieren. So viele Portionen wie benötigt zubereiten.

Vanille-Cashew-Creme

100 g rohe Cashewkerne, 1 Stunde eingeweicht und abgetropft
60–125 ml gereinigtes oder gefiltertes Wasser
1 TL Vanilleextrakt

Die gut abgetropften Nüsse mit 60 ml Wasser im Mixer pürieren; nötigenfalls noch mehr Wasser dazugeben, damit eine glatte Creme entsteht. Zum Schluss den Vanilleextrakt hinzufügen und nochmals kurz pürieren.

Knackiges Nussmüsli

Für 4 Portionen

♥♥

50 g Datteln
100 g kernige, großblättrige Haferflocken
2 EL Honig
85 g gemischte rohe Cashewkerne und Pekannüsse
15 g rohe Kürbiskerne
3 EL Olivenöl

Dieses Müsli ist verblüffend einfach zuzubereiten. Sie können es als Vorrat luftdicht verschlossen aufbewahren – so haben Sie jeden Morgen ein knuspriges Müsli zur Hand oder auch ein knackiges Topping für Joghurt, Fruchtsalat oder andere Desserts.

Den Backofen auf 160 Grad vorheizen.

In einen Topf 1 cm hoch Wasser geben, die Datteln darin weich köcheln und anschließend fein pürieren. Die restlichen Zutaten hinzufügen und gut verrühren.

Die Masse auf ein mit Backpapier belegtes Blech streichen und im Ofen bei 160 Grad 15 Minuten goldbraun backen. Dann die Ofentemperatur auf 110 Grad reduzieren und weitere 30 Minuten backen, bis die Masse trocken und knusprig ist.

Vollständig abkühlen lassen, dann in einem luftdicht verschlossenen Behälter aufbewahren.

Milchgetränke

Diese Milchgetränke lassen sich ganz unkompliziert zubereiten. Sie sind ausgezeichnete Alternativen zu Kuhmilch.

Mandelmilch

150 g rohe Mandeln, 4 Stunden eingeweicht, dann abgetropft
¾–1 l gereinigtes oder gefiltertes Wasser

Hanfmilch

150 g geschälte Hanfsamen, 4 Stunden eingeweicht, dann abgetropft
1,2 l gereinigtes oder gefiltertes Wasser

Paranussmilch

125 g rohe Paranüsse, 4 Stunden eingeweicht, dann abgetropft
¾–1 l gereinigtes oder gefiltertes Wasser

Braune Reismilch

125 g gekochter brauner (ungeschälter) Reis, 4 Stunden eingeweicht, dann abgetropft
475 ml gereinigtes oder gefiltertes Wasser

Die jeweiligen Zutaten im Vitamix oder einem anderen Mixer mit hoher Umdrehungszahl fein pürieren, dann durch ein Passiertuch oder ein feines Haarsieb streichen. Luftdicht verschlossen, halten sich diese Milchgetränke im Kühlschrank bis zu 2 Tage frisch.

Herzhaftes englisches Frühstück

Für 2 Portionen

♥

6 Stangen grüner Spargel, geputzt
1 Rispe reife kleine Zweigtomaten oder Kirschtomaten
2 Riesenchampignons, in Scheiben geschnitten
1 kleine Knoblauchzehe, in Scheiben geschnitten
1½ TL Olivenöl
Essig zum Pochieren der Eier
4 Eier
30 g Ziegenhartkäse, gerieben
200 g frischer Blattspinat
Saft von ½ Zitrone
schwarzer Pfeffer aus der Mühle
glutenfreies Brot, nach Belieben

GUT ZU WISSEN
Eier sind eine Quelle des wichtigen Nährstoffs Cholin – unverzichtbar für eine gute Gehirnleistung und das Gedächtnis.

Perfekt für einen Sonntagsbrunch oder auch einmal als einfaches Abendessen. Sie können das Rezept variieren – statt der pochierten Eier servieren Sie Rühr- oder gekochte Eier und fügen hinzu, was Ihr Kühlschrank hergibt.

Den Backofen auf 180 Grad vorheizen.

Spargel, Tomaten an der Rispe, Pilze und Knoblauch auf ein mit Backpapier belegtes Blech verteilen, mit 1 TL Olivenöl beträufeln und 20 Minuten im Ofen schmoren (Kirschtomaten sind schneller gar – das erkennt man am Aufplatzen der Haut).

Gleichzeitig zum Pochieren der Eier eine weite, hohe Pfanne bis 2½ cm unter den Rand mit Wasser füllen und pro Liter Wasser 3 EL Essig beifügen. Das Wasser zum Kochen bringen und anschließend die Hitze reduzieren, bis das Wasser nur noch leicht köchelt. Die Eier einzeln vorsichtig aufschlagen, in das köchelnde Wasser gleiten lassen und 3 Minuten pochieren (das Wasser muss die Eier vollständig bedecken. Falls nötig mit zwei großen Löffeln das Eiweiß immer wieder über das Eidotter ziehen, während die Eier garen. Besonders gut gelingen pochierte Eier, wenn man durch kräftiges Rühren im Wasser einen Wirbel bildet und das Ei in diesen hineingleiten lässt.

Das Blech mit dem Gemüse aus dem Ofen nehmen, die Pilze mit dem geriebenen Käse bestreuen und diesen schmelzen lassen. Den Spinat in einer Schüssel mit kochendem Wasser übergießen, 2 Minuten ziehen lassen, dann abgießen und mit dem restlichen Olivenöl (½ TL) sowie dem Zitronensaft mischen. Auf zwei Teller verteilen.

Die Eier mit einem Schaumlöffel vorsichtig aus dem Wasser heben und auf den Spinat setzen. Pilze, Spargel und Tomaten auf die Teller verteilen. Mit schwarzem Pfeffer aus der Mühle würzen.

Sofort servieren. Nach Belieben glutenfreies Brot dazu reichen oder die pochierten Eier auf je einer Scheibe geröstetem Brot anrichten.

Rührei mit überbackenen Champignons

Für 1 Portion

♥♥

3–4 Riesenchampignons
1 EL Olivenöl
1 Prise Himalajasalz
20 g Ziegenhartkäse, in feine Scheiben geschnitten
2 Eier
1 Eigelb
2 EL fein gehackter Dill, zusätzlich Dill zum Garnieren

Rührei ist in wenigen Minuten zubereitet – aber vergessen Sie nicht: Richtig cremig wird es nur, wenn man es bei ganz, ganz niedriger Hitze unter ständigem Rühren stocken lässt. Runden Sie das Rührei mit den Kräutern Ihrer Wahl ab.

Den Backofen auf 170 Grad vorheizen.

Die Pilze auf ein mit Backpapier belegtes Blech setzen, mit Olivenöl beträufeln und salzen. 15 Minuten im Ofen schmoren, dann mit den Käsescheiben belegen und weitere 3 Minuten backen, sodass der Käse schmilzt.

Eier und Eigelb in einer Schüssel aufschlagen, den gehackten Dill dazugeben und die Eimasse in eine heiße Pfanne geben. Bei niedriger Hitze unter ständigem Rühren bis zur gewünschten Konsistenz stocken lassen.

Sofort zusammen mit den überbackenen Pilzen servieren. Nach Belieben mit zusätzlichem Dill bestreuen.

GUT ZU WISSEN
Pilze sind eine vorzügliche Vitamin-D-Quelle. Viele von uns leiden unter Vitamin-D-Mangel, insbesondere wenn wir nicht in sonnigen Regionen wohnen. Daher bringen Pilze vor allem im Winter etwas »Sonnenschein« in unsere Ernährung.

Vorspeisen und Suppen

Artischockenherzen mit Feta

Für 2 Portionen

♥♥

200 g Artischockenherzen aus der Dose, zerkleinert
2 TL Olivenöl extra vergine
Saft von 1 Zitrone
60 g Feta, gewürfelt
2 EL rohe Kürbiskerne
1 Prise Gewürzsumach
2 EL fein gehackter Dill

Dieses Gericht ist im Nu zubereitet. Wir haben Artischockenherzen aus der Dose verwendet; als Variante können Sie es auch einmal mit Topinambur probieren. (Foto Seite 62/63)

Die Artischockenherzen in einer Schüssel mit Öl und Zitronensaft vermischen. Dann den Feta und die Kürbiskerne behutsam unterheben.

Mit Gewürzsumach und gehacktem Dill bestreut servieren.

Cashew-Dip

♥♥

75 g rohe Cashewkerne, 1 Stunde eingeweicht und abgetropft
50 g Gurke, geschält und gehackt
½ kleine rote Paprika, entkernt und gehackt
1 kleine Knoblauchzehe
2 rote Chilis, entkernt
1–2 Spritzer Tamarisauce zum Abschmecken
1 Spritzer Limettensaft
1 Spritzer Agavensirup

Alle Zutaten im Mixer zerkleinern, nach und nach etwas Wasser dazugeben und weiter pürieren, bis eine glatte, cremige Masse entsteht.

In eine kleine Schale geben und als Dip servieren.

GUT ZU WISSEN
Cashewkerne sind ein großartiger Niacin-Lieferant. Niacin ist ein Vitamin aus dem B-Komplex, das stimmungsaufhellend wirkt. Eine Handvoll Cashewkerne ist also eine natürliche Alternative zur Pillenschachtel.
Wenn Sie Nüsse, Kerne und Samen vor dem Verzehr mindestens 1 bis 2 Stunden einweichen, werden deren Enzyme reaktiviert; diese Enzyme machen sie zu einem »lebendigen«, leichter verdaulichen Nahrungsmittel, das jeden Snack, jede Mahlzeit und jeden Saft um wertvolle Inhaltsstoffe bereichert.

Rohe Sommer-Frühlingsrollen

Für 2 Portionen

4 runde Reispapierblätter
1 Blatt Nori-Seegras, in 4 Quadrate zerteilt
1 Karotte, in sehr feine Streifen geschnitten
1 Zucchini, in sehr feine Streifen geschnitten
1 Frühlingszwiebel, in sehr feine Streifen geschnitten
1 kleine Gurke, in sehr feine Streifen geschnitten
1 Kopf Chinakohl, fein gehackt
1 Packung Sojasprossen
1 Handvoll Koriandergrün, gehackt
100 g geräucherter Tofu, gewürfelt

Übung macht den Meister – das gilt auch für die Zubereitung dieser kleinen Päckchen. Beim ersten Mal ist es ein bisschen »fummelig«, aber irgendwann geht's ganz schnell. Der Trick: Das Reispapier nicht zu lange einweichen.

Das Reispapier in kaltem Wasser etwa 1 Minute einweichen, sodass es gerade weich wird; dann aus dem Wasser nehmen, trocken tupfen und auf der Arbeitsfläche auslegen. Auf jedes Reispapierblatt ein Stück Nori legen.

Gemüse, Tofu und Koriandergrün vermischen und jeweils eine Portion davon in die Mitte jedes Reispapierblatts setzen. Die unten liegende Kante über die Füllung schlagen, die Außenkanten einschlagen und das Päckchen vorsichtig satt einrollen. Das erfordert etwas Geschick, geht mit einiger Übung aber bald schnell von der Hand.

Mit dem Cashew-Dip (siehe links) und nach Belieben mit Brunnenkresse oder Blattsalat garniert servieren.

Gefüllte Zucchini

Für 2 Portionen

2 kleine runde Zucchini (Rondini)
1 TL Olivenöl
2 Knoblauchzehen
1 kleine Zwiebel, fein gehackt
1 Karotte, fein geraspelt
1 TL Thymianblätter
1 TL Oreganoblätter
2 Artischockenherzen aus der Dose, gehackt
½ TL abgeriebene Zitronenschale
½ TL Himalajasalz
2 EL rohe Cashewkerne, gehackt
25 g Feta, zerbröselt
nach Belieben Rucola, Kirschtomaten, Rettichsprossen
Olivenöl extra vergine zum Beträufeln

Als Vorspeise zu einem Gästemenü oder auch als abendlicher Hauptgang, serviert mit ungeschältem Reis und einem knackigen Salat, geben runde Zucchini ein appetitliches Bild ab. Veganer lassen einfach den Feta weg; die Cashewkerne liefern ausreichend Eiweiß.

Den Ofen auf 150 Grad vorheizen.

Am Stielansatz einen Deckel von den Zucchini abschneiden. Eine Auflaufform mit ½ TL Olivenöl fetten, die Zucchini (samt Deckel) und den Knoblauch darin 50 Minuten weich schmoren. Die Form aus dem Ofen nehmen; den Ofen aber nicht ausschalten. Die Zucchini abkühlen lassen und vorsichtig aushöhlen, das Fruchtfleisch beiseitestellen.

Das restliche Öl (½ TL) in einer Pfanne erhitzen und darin die Zwiebel 5 Minuten andünsten. Karotte, Thymian und Oregano dazugeben und weitere 5 Minuten dünsten, bis die Karottenraspel weich sind. Das Fruchtfleisch der Zucchini und die gehackten Artischockenherzen dazugeben und weitere 2 Minuten dünsten. Zitronenschale und gehackte Cashewkerne untermischen und salzen. Die Füllung in die ausgehöhlten Zucchini geben und leicht festdrücken. Den zerbröselten Feta darauf verteilen und die Zucchini im Ofen weitere 15 bis 20 Minuten backen, bis sich der Feta goldbraun färbt.

Die Zucchini mit Feigenmarmelade (siehe unten) und nach Belieben mit einem einfachen, mit Olivenöl angemachten Salat aus Rucola, Kirschtomaten und Rettichsprossen servieren.

Feigenmarmelade

100 g Feigen
2 TL Balsamicoessig
1 TL Reissirup
1 EL Wasser

Während die Zucchini im Ofen schmoren, die Feigen zerkleinern und in einem Topf mit Balsamicoessig, Reissirup und Wasser köcheln lassen, bis sie eindicken.

Pak-Choi-Päckchen

Für 6 Stück

2 TL geröstetes Sesamöl
85 g Aubergine, in feine Streifen aufgeschnitten
2 Knoblauchzehen, gepresst
1 EL Wasser
70 g Karotte, gerieben
45 g Wasserkastanien, in feine Streifen geschnitten
15 g gemischter roher Sesam, schwarz und weiß, trocken geröstet
½ TL Tamari
1 TL weiße Misopaste
20 g getrocknete Pilze, in Streifen geschnitten und in heißem Wasser eingeweicht
6 große Pak-Choi-Blätter
Sprossen zum Garnieren

Diese reizenden Päckchen schmecken einfach göttlich. Sie sind vielleicht ein bisschen knifflig zu schnüren, aber die Aromenexplosion, die sie im Gaumen entfalten, lohnen die Mühe auf jeden Fall.

Zuerst die Schwarze-Bohnen-Sauce zubereiten (siehe unten). Für die Füllung der Pak-Choi-Päckchen das Sesamöl in einer Pfanne erhitzen. Darin Aubergine und Knoblauch 2 Minuten andünsten. Wasser, Karotte und Wasserkastanien hinzufügen und 5 Minuten weich dünsten. Sesamkörner und Tamari einrühren. Die Mischung in eine Schüssel geben und beiseitestellen.

Die Pfanne zurück auf den Herd stellen, die Misopaste mit einem Schuss Wasser erhitzen, dann die Füllung sowie die abgetropften Pilze dazugeben und alles gut verrühren.

Die Pak-Choi-Blätter 3 bis 5 Minuten dämpfen, bis sie gerade weich werden. Die Stängel abschneiden. Die Blätter auf der Arbeitsfläche auslegen und in die Mitte jedes Blattes oberhalb des Stielendes eine esslöffelgroße Portion Füllung setzen. Das Stielende über die Füllung klappen, die Seiten einschlagen und das Päckchen vorsichtig zusammenrollen, sodass die Füllung fest umschlossen ist.

Sofort mit der Schwarze-Bohnen-Sauce servieren oder im Kühlschrank aufbewahren und vor dem Servieren 2 Minuten in heißem Wasserdampf erhitzen. Dazu Sprossen reichen.

Schwarze-Bohnen-Sauce

1 TL helles Sesamöl
100 g fermentierte chinesische schwarze Bohnen
1 Knoblauchzehe, gepresst
2 TL frischer geriebener Ingwer
½ TL Oregano
½ TL gemahlener Kreuzkümmel
¼ TL abgeriebene Orangenschale
100 ml Wasser
1 EL Reisessig
½ EL Tamari
1 TL Agavensirup

Das Sesamöl bei mittlerer bis hoher Temperatur in einer Pfanne erhitzen. Bohnen und Knoblauch unter Rühren 1 Minute andünsten. Dann die restlichen Zutaten dazugeben und die Sauce unter Rühren eindicken lassen.

Falafel-Wraps

Für 2 Portionen

♥♥

50 g gemahlene rohe Leinsamen
50 g rohe Sesamkörner
2 Karotten, geschält und in dünne Scheiben geschnitten
3–4 Riesenchampignons, fein gewürfelt
½ kleine Zwiebel, fein gehackt
1 Knoblauchzehe, fein gehackt
1 Prise Himalajasalz
3 EL Olivenöl
150 g Pistazien
125 g rohe Mandeln
150 g rohe Sonnenblumenkerne, 30 Minuten eingeweicht und abgetropft
1 EL fein gehackte Petersilie
¾ TL gemahlener Kreuzkümmel
1 TL Zitronensaft
schwarzer Pfeffer aus der Mühle

Gart man Kerne und Samen wie in diesem Rezept bei niedriger Hitze im Ofen, bleiben die in ihnen enthaltenen essenziellen Fette und außerdem auch ihr Aroma und ihre knackige Konsistenz erhalten.

Den Backofen auf 110 Grad vorheizen.

Die gemahlenen Leinsamenkörner mit den Sesamkörnern vermischen und beiseitestellen.

Karotten, Pilze, Zwiebel, Knoblauch, Salz und 2 EL des Olivenöls in einer separaten Schüssel mischen. Pistazien, Mandeln und Sonnenblumenkerne grob mahlen. Zusammen mit Petersilie, Kreuzkümmel und Zitronensaft unter die Gemüsemischung heben und mit schwarzem Pfeffer abschmecken.

Die Masse zu Kugeln von 3 bis 4 cm Durchmesser formen und in der Leinsamen-Sesam-Mischung wälzen. Die Kugeln auf ein mit Backpapier belegtes Blech setzen und 40 Minuten im Ofen backen, bis sie außen knusprig, innen aber noch feucht sind.

Die Falafel in Salatblättern angerichtet zusammen mit Tomatensalsa und Minzejoghurt servieren.

Für die Salatschalen
1 Kopf Eisbergsalat

Den Strunk entfernen und die großen äußeren Blätter vorsichtig ablösen. Diese bis zum Servieren in kaltem Wasser einlegen – so bleiben sie frisch und knackig. Vor dem Anrichten die Blätter gründlich trocken tupfen.

Minzejoghurt

250 g Sojajoghurt
25 g Minzeblätter

Den Joghurt unmittelbar vor dem Servieren in einer Schüssel mit der fein gehackten Minze vermischen. Achtung: Die Minze nicht im Voraus hacken; sie verfärbt sich schnell dunkel.

Tomatensalsa

400 g Tomaten, fein gewürfelt
1 rote Zwiebel, fein gewürfelt
1 kleine Gurke, entkernt und fein gewürfelt
1 rote Chili, entkernt und fein gewürfelt
½ Knoblauchzehe, gerieben
2 EL Olivenöl
Saft von 1 Zitrone

Alle Zutaten in einer Schüssel behutsam miteinander vermischen.

Gefüllte Kartoffeln

Für 10 Stück (2 Portionen)

5 junge, kleine Kartoffeln
2 EL Olivenöl
1 Prise Himalajasalz
wenig gemahlener Kreuzkümmel
125 g Artischockenherzen aus der Dose
100 g gegarte Cannellinibohnen (Dose)
Saft von 1 Zitrone
1 TL Gewürzsumach, zusätzlich zum Garnieren

Den Backofen auf 170 Grad vorheizen.

Die Kartoffeln in eine Auflaufform geben, mit Olivenöl bestreichen und mit Salz bestreuen. 45 Minuten im Ofen gar schmoren. Die Form aus dem Ofen nehmen, den Ofen aber nicht ausschalten. Die Kartoffeln etwa 15 Minuten abkühlen lassen, dann längs halbieren und das Innere vorsichtig herauslösen (es wird für das Gericht nicht benötigt; als Püree servieren oder zu einer Suppe weiterverarbeiten). Die ausgehöhlten Kartoffeln auf ein mit Backpapier belegtes Blech setzen, mit Kreuzkümmel bestreuen, zurück in den Ofen schieben und weitere 15 Minuten goldbraun und knusprig backen. Abkühlen lassen.

Die restlichen Zutaten im Mixer pürieren.

Vor dem Servieren die Kartoffelschalen mit dem Bohnen-Dip füllen und mit etwas Gewürzsumach bestreuen.

Gefüllte Patisson-Kürbisse

Für 8 Stück (2 Portionen)

6 getrocknete Steinpilze, 30 Minuten in warmem Wasser eingeweicht
8 kleine gelbe Patisson-Kürbisse
1 EL Olivenöl
1 Knoblauchzehe, gehackt
100 g Grünkohl, Stängel entfernt, grob gehackt
3 EL fein gehackte Petersilie
1 große Ochsenherz-Tomate, entkernt und fein gewürfelt
1 EL weicher Ziegenkäse

Die Steinpilze abgießen, abtropfen lassen und fein würfeln.

Den Backofen auf 170 Grad vorheizen.

Die Patissons auf ein mit Backpapier belegtes Blech setzen und 20 Minuten im Ofen schmoren. Aus dem Ofen nehmen und abkühlen lassen.

In der Zwischenzeit das Olivenöl bei niedriger Temperatur in einer Pfanne erhitzen und den Knoblauch darin 1 Minute andünsten. Steinpilze, Grünkohl und Petersilie dazugeben und unter Rühren 1 Minute andünsten. Die gewürfelte Tomate hinzufügen und weitere 2 Minuten mitschmoren, dann die Pfanne vom Herd nehmen.

Von den Patissons jeweils einen Deckel abschneiden und das Fruchtfleisch mit einem Teelöffel vorsichtig auskratzen, sodass eine ½ cm dicke Wand stehen bleibt und die Haut nicht verletzt wird.

Den Ziegenkäse unter die Pilz-Tomaten-Mischung rühren, nochmals erhitzen und die Füllung in die Patissons geben. Warm servieren.

Diese gefüllten Patissons sind super-gesunde Happen, vollgepackt mit Antioxidantien – Genuss ohne Reue! Grünkohl liefert Eisen und Kalzium, und die gelben Patissons strotzen nur so vor Beta-Karotin, das umweltbedingten Hautschäden vorbeugt.

Auberginen-Pesto-Röllchen

Für 6 Stück (2 Portionen)

♥♥

1 kleine Aubergine
3 EL Olivenöl
3 EL Pinienkerne
5 Zweige glattblättrige Petersilie
1 kleine Knoblauchzehe
20 g Feta, zerbröselt
etwas Rucola zum Servieren

Diese hübschen kleinen Röllchen sind absolut köstlich und vielseitig einsetzbar. Sie passen zum Aperitif, als Vorspeise zu einem Gästemenü oder mit einem großen, reichhaltigen Salat als einfaches Abendessen für zwei.

Den Backofen auf 170 Grad vorheizen.

Die Aubergine längs in 6 jeweils ½ cm dünne Scheiben aufschneiden. Diese auf ein mit Backpapier belegtes Blech legen, mit 1 EL des Olivenöls bestreichen und 15 Minuten im Ofen backen, bis sie weich sind. Herausnehmen und abkühlen lassen.

In der Zwischenzeit die Pinienkerne mit den abgezupften Petersilienblättern, Knoblauch und den restlichen 2 EL Olivenöl im Mixer zu einer groben Paste verarbeiten.

Die Paste auf die Auberginenscheiben streichen und darauf den Feta verteilen. Die Scheiben einrollen und jeweils mit einem Zahnstocher fixieren.

Vor dem Servieren den Rucola auf zwei Teller verteilen und jeweils drei Röllchen darauf anrichten.

Gedämpfte Dill-Artischocken

Artischocken ergeben eine elegante Mahlzeit und empfehlen sich ebenso als raffinierte Vorspeise für eine Einladung.

Für 1 Portion

1 Artischocke
1 EL Olivenöl
1 Knoblauchzehe
3 EL fein gehackter Dill
225 ml gereinigtes oder gefiltertes Wasser

Dressing

2 EL Tamari
1 EL Balsamicoessig
2 EL Olivenöl
1 EL Agavensirup

Den Stiel der Artischocke bis auf ein kurzes Ende abschneiden.

Das Olivenöl in einem tiefen Topf bei niedriger Temperatur erhitzen und den Knoblauch darin behutsam 1 Minute andünsten. 2 EL des gehackten Dills einrühren, mit dem Wasser aufgießen und die Artischocke (mit dem Stiel nach oben) hineinsetzen. Zugedeckt bei niedriger Temperatur 45 bis 55 Minuten dämpfen; falls nötig etwas Wasser nachfüllen. Die Artischocke ist gar, wenn sich die Blätter leicht lösen lassen und das Fleisch am Blattende zart ist.

In der Zwischenzeit alle Zutaten zum Dressing verrühren.

Die Artischocke mit dem restlichen gehackten Dill bestreut servieren. Das Dressing separat in einem Schälchen dazu reichen.

Machen Sie es wie die Chinesen: Heizen Sie den Verbrennungsmotor Ihres Körpers mit einer Suppe ein. Wenn Sie auch im Winter vorwiegend Rohkost zu sich nehmen möchten, sollten Sie Ihre Mahlzeiten in jedem Fall mit einer kleinen Schüssel Suppe oder einem Glas heißem Wasser beginnen; dies erleichtert die effiziente Verdauung der Rohkost.

Wärmende Gemüse-Quinoa-Suppe

Für 2 Portionen

♥♥♥

60 g Quinoa
1½ TL Instant-Gemüsebrühepulver
225 ml gereinigtes oder gefiltertes Wasser
6 Stängel Broccolini (ersatzweise zarter, junger Brokkoli), nach Belieben zerkleinert
100 g Lauch, in Ringe geschnitten
Saft von 2 Limetten
2 TL Tamari
80 g Tofu, gewürfelt
4 EL fein gehacktes Koriandergrün nach Belieben

Für diese milde, wärmende Suppe können Sie alle möglichen Gemüsesorten verwenden – was auch immer Ihr Kühlschrank hergibt. Bei mir kommt diese Suppe oft am Sonntagabend mit den Gemüseresten vom Wochenende auf den Tisch. *(Foto Seite 76)*

Das Quinoa in eine Tasse füllen und davon die zweifache Menge Wasser in einem Topf zum Kochen bringen. Quinoa und Instant-Gemüsebrühe dazugeben, erneut aufkochen und 5 Minuten köcheln lassen.

Die 225 ml Wasser zum Kochen bringen und zusammen mit Broccolini, Lauch, Limettensaft und Tamarisauce zum Quinoa geben. Weitere 5 Minuten köcheln lassen.

Den Tofu hinzufügen und weitere 2 Minuten mitköcheln lassen, bis er durch und durch heiß ist.

Mit dem gehackten Koriander bestreut servieren.

GUT ZU WISSEN

Broccolini, manchmal auch als Baby-Brokkoli bezeichnet, ist eine Neuzüchtung, eine Kreuzung des gewöhnlichen Brokkolis mit der chinesischen Sorte Gai Lan oder Gai Larn (Brassica oleracea var. alboglabra). Broccolini hat lange zarte Stängel, kleine Blütenstände und einen feinen, leicht süßlich-pfeffrigen Geschmack. Erhältlich beim Gemüsehändler, in Asialäden und teilweise auch in gut sortierten Supermärkten.

Kürbissuppe

Für 4 Portionen

♥♥♥

3 EL Olivenöl
1 rote Zwiebel, gehackt
1 große Knoblauchzehe, gehackt
600 ml gereinigtes oder gefiltertes Wasser
750 g Butternut-Kürbis, ohne Schale gewogen, entkernt und zerkleinert
1 große Karotte, zerkleinert
1 TL Instant-Gemüsebrühepulver
1 rote Chili, entkernt und gehackt
½ TL fein geriebener frischer Ingwer
1 TL Zitronensaft

Koriander-Petersilien-Öl

½ kleines Bund Koriandergrün, fein gehackt
½ kleines Bund glattblättrige Petersilie, fein gehackt
1 Prise gemahlener Kreuzkümmel
6 EL Olivenöl

Ich liebe Suppen – sie sind einfach köstlich. Suppen lassen sich gut portionsweise einfrieren und bei Bedarf schnell auftauen. So haben Sie immer eine leckere, nahrhafte Mahlzeit parat. (Foto Seite 77)

Das Olivenöl in einem großen Topf erhitzen, Zwiebel und Knoblauch darin 5 Minuten bei mittlerer Hitze andünsten. Dann 5 EL des Wassers dazugeben und köcheln lassen, bis die Zwiebel das Wasser aufgesaugt hat. Kürbis und Karotte hinzufügen und mitschmoren, bis sie Wasser ziehen. Das restliche Wasser sowie die Instant-Brühe dazugeben, zum Kochen bringen und 15 Minuten köcheln lassen. Dann Chili, Ingwer und Zitronensaft einrühren und weitere 15 Minuten köcheln lassen.

In der Zwischenzeit für das Kräuteröl alle Zutaten verrühren. (Statt die Kräuter zu hacken, können Sie auch die ganzen Blätter mit dem Öl und dem Kreuzkümmel im Cutter oder Blitzhacker pürieren.)

Die fertige Suppe im Mixer oder mit dem Pürierstab pürieren. Mit dem Koriander-Petersilien-Öl beträufelt heiß servieren.

TIPPS

**Indem man die Zutaten bei niedriger Hitze mit wenig Wasser andünstet, bringt man ihre unterschiedlichen subtilen Geschmacksvarianten zum Vorschein.
Das Kräuteröl ist nicht nur aromatisch, sondern auch die perfekte optische Abrundung.**

Fenchel-Birnen-Suppe

Für 2 Portionen

♥♥♥

1 große Fenchelknolle, geputzt
1 EL Olivenöl, zusätzlich Öl zum Beträufeln
1 Zwiebel, in feine Scheiben geschnitten
1 Knoblauchzehe, gehackt
600 ml Gemüsebrühe
1 Birne, entkernt und zerkleinert

Diese geniale Suppe, die mit ihrem vollen Aroma und ihrer Sämigkeit besticht, ist eines meiner Lieblingsrezepte. Sowohl Birne als auch Fenchel besitzen einen hohen Anteil an Pektin und unterstützen damit die Entgiftung des Körpers. Nutzen Sie dies sowohl während der Reinigungsphase wie auch bei der Umstellung auf eine dauerhaft basische Ernährung.

Die Fenchelknolle halbieren und mit einem scharfen Messer für die Garnitur 4 hauchdünne Scheiben abschneiden, diese zugedeckt beiseitestellen. Den restlichen Fenchel klein schneiden.

Das Öl in einem großen Topf erhitzen, Zwiebel und Knoblauch darin andünsten. 3 EL Gemüsebrühe und den zerkleinerten Fenchel hinzufügen und, sobald die Flüssigkeit eingekocht ist, weitere 3 EL Brühe einrühren. Dann die Birne und die restliche Brühe dazugeben, zum Kochen bringen und 40 Minuten köcheln lassen, bis der Fenchel schön weich ist.

Fenchel und Birne mit etwas Flüssigkeit im Mixer oder mit dem Stabmixer pürieren; nach und nach so viel Flüssigkeit dazugeben, bis eine sämige Suppe entstanden ist.

Mit den Fenchelscheiben und wenig Olivenöl garnieren und servieren.

GUT ZU WISSEN

Fenchel unterstützt die Leber bei ihrer Entgiftungsfunktion. Außerdem besitzen Fenchel und Birne viel Kalium, das basischste aller Mineralien. Kalium unterstützt die Flüssigkeitsregulierung des Körpers und trägt dazu bei, dass alle Nährstoffe dorthin gelangen, wo sie benötigt werden. Auf diese Weise wird einer Dehydrierung auf Zellniveau vorgebeugt.

WAS IST INSTANT-GEMÜSEBRÜHE?

Bio-Instant-Gemüsebrühe ist rein pflanzlich, und im Bedarfsfall ist daraus in wenigen Sekunden eine Brühe zubereitet. Das Pulver kann auch zum Würzen verwendet werden und sorgt für einen Hauch Salzigkeit und einen runden Geschmack.

Gemüse-Tofu-Suppe

Für 4 Portionen

♥♥

2 TL Sojabohnenpaste
900 ml gereinigtes oder gefiltertes Wasser
2 Zweige Zitronenthymian
½ Zwiebel, fein gewürfelt
100 g Karotte, grob gewürfelt
100 g Kartoffel, grob gewürfelt
100 g Kürbis, grob gewürfelt
100 g Zucchini, grob gewürfelt
100 g rote und gelbe Paprika, entkernt und grob gewürfelt
100 g fester Tofu, grob gewürfelt

Schnell, einfach und delikat – das ist das Motto dieser würzigen Gemüsebrühe. Sie ist in weniger als einer halben Stunde zubereitet und der wärmende Abschluss eines langen Tages.

Die Sojabohnenpaste mit dem Wasser in einem großen Topf verrühren und zum Kochen bringen. Die Zitronenthymianzweige hinzufügen und 3 bis 4 Minuten köcheln lassen; anschließend die Zweige herausnehmen.

Zwiebel, Karotte und Kartoffel 10 Minuten in der Brühe köcheln lassen, dann Kürbis, Zucchini und Paprika dazugeben und weitere 5 bis 10 Minuten mitkochen, bis alles Gemüse gerade gar ist. Den Tofu hinzufügen und weitere 2 Minuten mitköcheln.

Die heiße Suppe in vorgewärmte Suppenteller oder Schalen verteilen, nach Belieben mit Koriandergrün und Frühlingszwiebelröllchen garnieren und sofort servieren.

GUT ZU WISSEN
Tofu ist für Vegetarier eine wichtige Eiweißquelle. Dennoch empfehlen wir, nicht mehr als dreimal pro Woche Tofu zu verzehren, da er höchst wirksame Phytoöstrogene enthält, die in den Hormonhaushalt eingreifen können.

Wenn Sie diese Suppe mit geschlossenen Augen schlürfen, fühlen Sie sich wie Gott in Thailand. Cremige Kokosmilch und pikantes Zitronengras entführen Sie an einen weißen Traumstrand – auch wenn bei uns Winter ist!

Tomaten-Kokos-Suppe

Für 2 Portionen

1 EL Kokosöl
1 große Schalotte, gehackt
20 g frischer Ingwer, gehackt
1 Knoblauchzehe, gehackt
½ rote Chili, gehackt
1 Stängel Zitronengras, gehackt
1 TL Koriandersamen
300 g Tomaten, gehackt
400 ml Kokosmilch
1 TL Tamari
1 TL Limettensaft
Kokoscreme, Chiliöl und nach Belieben fein gehacktes Koriandergrün zum Servieren

Das Kokosöl in einem großen Topf bei mittlerer Temperatur erhitzen. Schalotte, Ingwer und Knoblauch 5 Minuten darin andünsten. Chili, Zitronengras und Koriandersamen dazugeben und weitere 5 Minuten mitdünsten. Die gehackten Tomaten hinzufügen und weitere 5 Minuten schmoren. Die Kokosmilch einrühren, zum Kochen bringen und 30 Minuten köcheln lassen. Mit Tamari und Limettensaft abschmecken.

Die Suppe im Mixer oder mit dem Stabmixer pürieren. Für eine glattere Konsistenz die Suppe noch durch ein feines Sieb streichen.

Mit einem Schuss Kokoscreme, einem Hauch Chiliöl und, falls gewünscht, etwas fein gehacktem Koriandergrün garniert heiß servieren.

Weiße Gazpacho

Dieses Rezept ist supereinfach. Mandeln sind die basischsten aller Nüsse; sie unterstützen Entspannung und Schlaf. Ein Schuss Olivenöl pro Portion sorgt für zusätzliche essenzielle Fettsäuren.

Für 4 Portionen

♥♥

- 400 g Cannellinibohnen aus der Dose
- 400 g Limabohnen aus der Dose
- 150 g rohe Mandeln
- 475 ml gereinigtes oder gefiltertes Wasser
- 1 Handvoll Minze
- 2 kleine Gurken, geschält und zerkleinert
- 225 ml Apfelsaft
- 1 TL Olivenöl extra vergine
- Zesten und Saft von 1 Zitrone
- 1 rote Chili, entkernt
- 1 Handvoll Eis
- Olivenöl, Zitronenzesten, Minze- und Chilistreifen zum Servieren

Die Bohnen abspülen und abtropfen lassen. Die Bohnen und Mandeln mit dem Wasser im Mixer pürieren, dann die restlichen Zutaten (außer dem Eis) hinzufügen.

Unmittelbar vor dem Servieren das Eis dazugeben, nochmals kurz durchmixen und die Suppe auf Teller verteilen. Mit einem Schuss Olivenöl, einigen Zitronenzesten, Chili und Minze garniert servieren.

TIPP

Diese Variation des spanischen Suppenklassikers bringt das Immunsystem auf Trab und lindert Verdauungsbeschwerden.

Salate

Brunnenkressesalat mit Schmorzwiebeln und Pistazien

Für 1 Portion

½ rote Zwiebel, in Spalten geschnitten
1 EL Olivenöl
30 g Kichererbsen aus der Dose, abgespült und abgetropft
1 kleine Knoblauchzehe, gepresst
½ rote Chili, schräg in Ringe geschnitten
¼ Salatgurke, entkernt, gewürfelt
1–2 EL rohe Kürbiskerne
1–2 EL rohe Pistazienkerne
70 g Brunnenkresse
1 Frühlingszwiebel, schräg in Scheiben geschnitten

Dressing

2 EL Olivenöl
Saft von 1 Zitrone
1 EL Tamari
1 TL Agavensirup

Dieser Salat ist ein echter Hingucker. Ich richte ihn gerne auf einer großen Platte an, die ich in die Tischmitte stelle, sodass sich jeder bedienen kann. Er ist aber auch ein tolles »Dinner for one«.
(Foto Seite 86/87)

Den Backofen auf 170 Grad vorheizen.

Die Zwiebelspalten auf ein Backblech legen, mit Olivenöl beträufeln und im Ofen 30 Minuten weich schmoren.

Die Kichererbsen zusammen mit den geschmorten Zwiebeln und dem Knoblauch in einer Schüssel vermischen. Chili, Gurke, Kürbiskerne und Pistazien unterheben.

Die Zutaten zum Dressing verrühren.

Zum Servieren die Brunnenkresse auf einer Platte oder einem Teller verteilen, die Kichererbsenmischung sowie die Frühlingszwiebel darauf anrichten und alles mit dem Dressing beträufeln.

TIPP
Statt sie im Backofen zu schmoren, können Sie die rote Zwiebel auch in Balsamicoessig und Agavensirup karamellisieren – himmlisch süß! (Verfahren Sie so, wie beim Karamellisieren der Birnen auf Seite 94 beschrieben.)

Avocado-Mango-Salat

Für 1 Portion

♥♥♥

1 gute Handvoll zarte, junge Spinatblätter
1 EL Olivenöl
1 Prise Gewürzsumach
Saft von 1 Limette
¼ reife Avocado, gewürfelt
100 g Mango, gewürfelt
4 Zweige Dill, klein gezupft
1 kleine Knoblauchzehe, gepresst
1 kleines Stück rote Chili (2½ cm), schräg aufgeschnitten, und Sprossen zum Garnieren

Im Sommer sind Salate einfach unschlagbar. Dieser ist köstlich und verursacht garantiert keinen Blähbauch – versprochen!

Die Spinatblätter mit Olivenöl, Gewürzsumach und Limettensaft mischen und in einer Schüssel anrichten.

Avocado und Mango, den Großteil des Dills und den Knoblauch in einer separaten Schüssel vermischen, auf den Spinatblättern verteilen und mit Chili, Sprossen und dem restlichen Dill bestreut servieren.

Schnell und köstlich – dieses Motto trifft auf beide Salate zu. Kommt man hungrig nach Hause, sind sie im Handumdrehen zubereitet; aber auch bei Gästen kommen sie gut an.

Fenchel-Halloumi-Salat

Für 2 Portionen

♥♥

150 g Fenchel, in dünne Streifen geschnitten
Saft von ½ Zitrone
2 EL Öl
100 g Halloumi aus Schafsmilch, klein gewürfelt
1 kleine Knoblauchzehe, gepresst
50 g getrocknete Cranberries, 20 Minuten in warmem Wasser eingeweicht, dann abgetropft
1 Bund Dill, gehackt

Halloumi ist ein fester Grillkäse, der beim Kauen auch mal quietschen kann. Er ist einfach zuzubereiten – aber lassen Sie ihn beim Braten nicht aus den Augen, denn er bräunt sehr schnell. (Foto Seite 90)

Den Fenchel mit dem Zitronensaft vermischen, damit er sich nicht braun verfärbt.

Eine Pfanne bei hoher Temperatur erhitzen, das Olivenöl hineingeben und die Temperatur auf mittlere Stufe reduzieren. Den gewürfelten Halloumi darin etwa 2 Minuten von jeder Seite goldbraun braten.

Knoblauch und Cranberries unter den Fenchel heben und gut vermischen. Den Dill unterheben und den Salat auf Teller verteilen. Den warmen Halloumi darauf anrichten und servieren.

Quinoa-Cashew-Salat

Für 1 Portion

♥♥♥

40 g Quinoa
1 TL Instant-Gemüsebrühepulver
15 g getrocknete Cranberries
2 EL Olivenöl
¼ rote Zwiebel, gewürfelt
1 Knoblauchzehe, fein gehackt
1 Prise getrockneter Estragon
½ gelbe Paprika, gewürfelt
¼ rote Chili, fein gewürfelt
abgeriebene Schale und Saft von ½ Zitrone
2 EL rohe Cashewkerne
1 Bund glattblättrige Petersilie, fein gehackt
25 g Feta, zerbröselt

Kochen Sie einmal pro Woche einen großen Topf Quinoa, den Sie portionsweise wieder aufwärmen können. Granatapfelkerne sorgen in diesem Salat für Farbe und Frische. (Foto Seite 91)

Den Quinoa in einem Messbecher abmessen und die doppelte Menge Wasser in einem Topf zum Kochen bringen. Quinoa und Gemüsebrühepulver einrühren, wieder zum Kochen bringen und 20 Minuten köcheln lassen, bis sich der Keim teilt. Abgießen und beiseitestellen.

In der Zwischenzeit die getrockneten Cranberries einweichen. Das Öl in einem großen Topf erhitzen und darin Zwiebel und Knoblauch 5 Minuten weich dünsten. Den Estragon und 2 EL Wasser hinzufügen und weitere 2 bis 3 Minuten schmoren. Paprika, Chili, Zitronensaft, Cashewkerne und die abgetropften Cranberries mit weiteren 2 EL Wasser einrühren. Den Quinoa unterrühren und alles 2 bis 3 Minuten erhitzen. Den Topf vom Herd nehmen, Zitronenschale, Petersilie und den zerbröselten Feta unterheben und den Salat warm oder kalt servieren.

Sellerie-Sprossen-Salat

Für 2 Beilagenportionen

♥♥

2 Stangen Sellerie
1 Karotte, schräg in dünne Scheiben geschnitten
50 g gemischte Sprossen (Mungobohnen-, Alfalfa- oder Sonnenblumensprossen)

Dressing

150 g rohe Cashewkerne
1 TL englischer Senf
Saft von 1 Zitrone
etwa 150 ml Wasser

Versuchen Sie es statt der arterienverstopfenden Mayonnaise-Version doch einmal mit frischem, knackigem Gemüse – eine köstliche, cremige, gesunde Alternative, voll gesundem Eiweiß.

Die Selleriestangen mit einem Kartoffel- oder Gemüseschäler in lange, dünne Streifen schneiden und diese mit den Karotten und den Sprossen in eine Schüssel geben.

Die Zutaten zum Dressing mit einem Großteil des Wassers im Mixer zu einer glatten, cremigen Paste verarbeiten; falls nötig noch mit etwas Wasser verdünnen. Das Dressing über das Gemüse geben und behutsam mischen.

Salat mit Linsen und karamellisierten Birnen

Für 2 Portionen

♥♥

4 EL Olivenöl
1 EL Agavensirup
1 EL Balsamicoessig
1 reife Birne, geviertelt und entkernt
30 g Puy-Linsen
1 Rispe Kirschtomaten
20 g Walnüsse, 30 Minuten in Wasser eingeweicht
2 Frühlingszwiebeln, schräg in feine Scheiben geschnitten
1 rote Chili, schräg fein geschnitten
Saft von ½ Zitrone
60 g Rucola

Ich liebe diesen Salat, weil er toll aussieht und unglaublich gut schmeckt. Ich mag die Linsen bissfest, weil sie dann noch ein leicht nussiges Aroma haben; wenn Sie sie weicher bevorzugen, lassen Sie sie einfach etwas länger kochen.

2 EL des Olivenöls mit dem Agavensirup und dem Balsamicoessig in einen flachen Topf geben, die Birne hinzufügen und den Topf zur Hälfte zudecken. 30 Minuten köcheln lassen, bis die Birne rundum karamellisiert ist. Falls nötig von Zeit zu Zeit einen Esslöffel Wasser hinzufügen.

In der Zwischenzeit die Linsen mit reichlich kaltem Wasser bedeckt zum Kochen bringen und 20 bis 25 Minuten köcheln lassen, bis sie bissfest sind; wenn Sie sie weicher mögen, etwas länger kochen. Abgießen und beiseitestellen.

Den Backofen auf 160 Grad vorheizen. Die Tomaten an der Rispe auf ein Backblech legen und 15 Minuten im Ofen schmoren, bis die Haut weich wird und aufzuplatzen beginnt.

Die Walnüsse abgießen und in Stücke brechen, mit Frühlingszwiebeln und Chili in eine Schüssel geben, die Linsen, das restliche Olivenöl (2 EL) und den Zitronensaft unterheben.

Zum Servieren die Rucolablätter auf zwei Teller geben, den Linsensalat darauf verteilen und darauf Birnen sowie Tomaten anrichten.

GUT ZU WISSEN
Puy-Linsen sind ein vorzüglicher Zink- und Magnesium-Lieferant – das hilft in Stressphasen.

Mit einem farbenfrohen Salat überzeugt man auch den größten Vitaminmuffel. Je bunter, desto weniger Gemecker wird man hören!

Wurzelgemüsesalat

Für 1 Portion als Hauptspeise oder 2 Portionen als Beilage

50 g Rote Bete (Rande)
1 große Karotte, geschält
¼ Birne, Kerngehäuse entfernt
1 Frühlingszwiebel
10–12 rohe Walnusskerne, geviertelt, 1 Stunde eingeweicht
1 EL Olivenöl extra vergine
1 EL Tamari
1 Prise Cayennepfeffer
1 Bund Koriandergrün

Rote Bete unterstützt die Leber bei ihrer Entgiftungsfunktion, und Walnüsse enthalten essenzielle Fettsäuren, die dem Gehirn gut tun (nicht umsonst sehen die beiden Hälften wie ein Gehirn in Kleinformat aus!). (Foto Seite 96)

Die Rote Bete schälen und in dünne Scheiben aufschneiden. Karotte und Birne würfeln; die Frühlingszwiebel schräg fein aufschneiden. Alles zusammen mit den abgegossenen Walnüssen mischen, mit Olivenöl und Tamarisauce beträufeln, mit dem Cayennepfeffer würzen und behutsam mischen.

Das Koriandergrün hacken und unmittelbar vor dem Servieren unterheben. Den Salat mit bunten Sprossen bestreut servieren.

Granatapfel-Mozzarella-Salat

Für 2 Portionen

1 Granatapfel
2 Kugeln Mozzarella

Dressing
2 EL grob gehackte glattblättrige Petersilie und Minze
1 Knoblauchzehe, gepresst
1 rote Chili, entkernt und fein gehackt
2 EL Olivenöl extra vergine
1 Prise gemahlener Kreuzkümmel

Die einfachste Methode, an die Granatapfelkerne zu kommen: Granatapfel halbieren, die Hälften in eine Schüssel Wasser geben und die Kerne unter Wasser mit den Fingern lösen. So werden die Membranen, die den Saft umgeben, nicht verletzt. Die Kerne sinken zu Boden, die Häutchen schwimmen oben. (Foto Seite 97)

Die Kerne des Granatapfels herauslösen (siehe oben).

Den Mozzarella abtropfen lassen, in kleine Stücke reißen und diese auf 2 Tellern arrangieren.

Die Zutaten zum Dressing gründlich verrühren. Vor dem Servieren das Dressing über den Mozzarella träufeln und den Salat mit Granatapfelkernen bestreuen.

Graupensalat mit Dicken Bohnen

Für 1 Portion

♥♥♥

40 g Perlgraupen
1 TL Instant-Gemüsebrühepulver
30 g Dicke Bohnen (Favabohnen)
2 EL Olivenöl
Saft von ½ Limette
1 Prise Himalajasalz
1 kleine Knoblauchzehe
1 Karotte, gerieben
1 Bund Dill, fein gehackt
1 Prise gemahlener Kreuzkümmel
2 Broccolini (siehe Seite 78), zerkleinert
nach Belieben ½ rote Chili, fein geschnitten, zum Garnieren

Die Kombination aus Bohnen und Gerste liefert alle acht essenziellen Aminosäuren, die zum Aufbau und zur Reparatur aller Körperzellen benötigt werden.

Graupen und Gemüsebrühepulver in einen Topf geben, reichlich kaltes Wasser hinzufügen, zum Kochen bringen und 20 bis 25 Minuten köcheln lassen, bis die Graupen gar sind. Abgießen und beiseitestellen.

Die Dicken Bohnen mit Olivenöl, Limettensaft und Salz in den Mixer geben, die Knoblauchzehe dazupressen und in kurzen Intervallen zu einer groben Paste pürieren. Die Paste in eine Schüssel geben und die abgetropften Perlgraupen zusammen mit Karotte, Dill und Kreuzkümmel unterrühren.

In der Zwischenzeit den Broccolini bissfest dämpfen.

Den Graupensalat auf einen Teller geben, die Broccolini darauf verteilen und mit roten Chili garniert servieren.

Riesenchampignon-Fenchel-Salat

Für 1 Portion

♥♥♥

1 sehr großer oder 2–3 kleinere Riesenchampignons
1 Knoblauchzehe, fein geschnitten
3 Zweige Thymian
1 Prise Himalajasalz
2 EL Olivenöl
½ Fenchelknolle
Saft von ½ Zitrone
½ TL rohe Kürbiskerne
3 Zweige glattblättrige Petersilie, grob gehackt

Die Kombination aus samtig weichen Pilzen, knackig kühlem Fenchel und dem erdig herben Aroma der Kürbiskerne erreicht wirklich jede Geschmacksknospe.

Den Backofen auf 180 Grad vorheizen.

Die Pilze auf ein kleines Backblech setzen, mit Knoblauch, Thymian und Salz bestreuen, mit 1 EL des Olivenöls beträufeln und 15 Minuten im Ofen weich schmoren.

In der Zwischenzeit den Fenchel fein würfeln; mit dem verbleibenden Olivenöl (1 EL) und dem Zitronensaft mischen.

Zum Servieren die Pilze auf einen Teller setzen, den Fenchel daneben und darauf anrichten und mit Kürbiskernen sowie Petersilie bestreuen.

Quinoasalat mit Roter Bete, Knoblauch und Feta

Für 2 Portionen

♥♥♥

1 ganze Knolle Knoblauch
1 große Rote Bete (Rande), gewaschen und geachtelt oder 2 kleine Rote Beten, geviertelt
1 rote Zwiebel, ungeschält geachtelt
4 EL Olivenöl
1 lange Rispe Kirschtomaten
70 g Quinoa
1 TL Instant-Gemüsebrühepulver
1 Prise Himalajasalz
40 g gemischte Blattsalate
40 g Feta
Zitronendressing oder mein Geheim-Salatdressing von Seite 104 zum Servieren

Die Kombination sehr unterschiedlicher Texturen in diesem Salat lässt einem das Wasser im Mund zusammenlaufen – Kontrast ist hier die Hauptzutat.

Den Backofen auf 170 Grad vorheizen.

Den oberen Teil der Knoblauchknolle abschneiden, sodass die einzelnen Zehen ansatzweise zu sehen sind. Die Knolle zusammen mit der Roten Bete und der Zwiebel auf ein Backblech setzen, mit 2 EL des Olivenöls beträufeln und 25 Minuten im Ofen schmoren. Dann die Tomaten an der Rispe ebenfalls auf das Blech geben und weitere 5 bis 7 Minuten mitschmoren.

In der Zwischenzeit den Quinoa in einem Messbecher abmessen und die doppelte Menge Wasser in einem Topf zum Kochen bringen. Quinoa und Gemüsebrühepulver einrühren, nochmals zum Kochen bringen und 20 Minuten köcheln lassen, bis sich der Keim teilt. Abgießen und beiseitestellen.

Das geschmorte Gemüse aus dem Ofen nehmen. Die einzelnen Zehen aus der Knoblauchknolle drücken und auf einem Brett mit flach gehaltenem Messer zerquetschen. Den zerdrückten Knoblauch mit einem Löffelrücken auf den Quinoa streichen, um Klumpen zu vermeiden, anschließend alles gründlich durchrühren. Das restliche Olivenöl (2 EL) und das Salz einrühren.

Zum Servieren die Blattsalate auf zwei Teller geben, den Quinoa darauf verteilen. Rote Bete und Zwiebel darauf arrangieren, dann den Feta darüberbröseln und zuletzt die Tomaten daraufsetzen. Den Salat mit dem gewünschten Dressing beträufeln.

GUT ZU WISSEN

Das Beta-Karotin von Roter Bete, roten Tomaten und roter Zwiebel schützt die Haut vor Zellschäden. Dieser Salat steckt voller Antioxidantien – rund ums Jahr.

Salatdressings

Mein Geheim-Salatdressing

4 EL Olivenöl
2 EL Tamari
2 EL Balsamicoessig
1 EL Agavensirup

Alle Zutaten verrühren und das Dressing unter den sehnsüchtig wartenden Salat mischen.

Zitronendressing

4 EL Olivenöl
2 EL Apfelessig
Saft von 1 Zitrone
1 kleine Handvoll Koriandergrün
1 EL Agavensirup

Alle Zutaten mit einem kleinen elektrischen Handrührer cremig rühren.

Pikantes Mandeldressing

1 gehäufter TL Mandelbutter
3 EL Olivenöl
fein abgeriebene Schale und Saft von 1 Zitrone
1 EL Tamari
1 Prise Cayennepfeffer
1 cm langes Stück rote Chili, entkernt und fein gehackt

Alle Zutaten mit einem kleinen elektrischen Handrührer cremig rühren.

Soja-Mayonnaise-Dressing

1 gehäufter TL Sojajoghurt
1 EL Olivenöl
1 kleine Knoblauchzehe, gerieben

Alle Zutaten sorgfältig verrühren.

Im Uhrzeigersinn von links
Pikantes Mandeldressing, Zitronendressing, Mein Geheim-Salatdressing, Tahini-Kreuzkümmel- oder Soja-Mayonnaise-Dressing – Sie haben die Qual der Wahl.

Seit Jahren werde ich nach den Rezepten für meine Salatdressings gefragt – denn wenige Zutaten verbinden sich in ihnen zu köstlichen Saucen. Genuss pur!

Tahini-Kreuzkümmel-Dressing

1 gehäufter TL Tahini
2 EL Olivenöl
Saft von ½ Zitrone
1 gehäufter TL gemahlener Kreuzkümmel
3 EL Wasser

Alle Zutaten mit einem kleinen elektrischen Handrührer cremig rühren.

Hauptgerichte

Mini-Pizzen

Für 8 Stück

Teigboden

½ TL Trockenhefe
170 ml lauwarmes Wasser
185 g weißes Dinkelmehl
½ TL Himalajasalz

Pizzasauce

1 EL Olivenöl
1 Zwiebel, gehackt
1 Knoblauchzehe
2 EL Kapern, abgespült und abgetropft
1 Prise getrocknete Chiliflocken
300 g Tomaten, entkernt und gewürfelt
1 EL frischer oder 1 TL getrockneter Oregano

Aufgrund einer Weizenunverträglichkeit konnte meine Mutter nie Pizza essen. Dies spornte mich dazu an, eine Pizza zu kreieren, die sie verträgt. Und hier ist sie! (Foto Seite 106/107)

Den Backofen auf 200 Grad vorheizen. Die Hefe mit dem Wasser vermischen und 15 Minuten zugedeckt an einem warmen Ort stehen lassen.

In der Zwischenzeit die Sauce zubereiten. Dazu das Öl in einem Topf erhitzen und bei mittlerer Temperatur Zwiebel und Knoblauch darin andünsten, bis die Zwiebel weich zu werden beginnt. Wenig Wasser zum Abkühlen hinzufügen und die restlichen Zutaten dazugeben. 15 Minuten köcheln lassen, bis die Sauce eindickt.

Die Hefemischung umrühren und weitere 5 Minuten stehen lassen.

Mehl und Salz in eine große Schüssel geben, in der Mitte eine Mulde drücken, die Hefemischung hineingießen und alles gut vermengen. Die Masse auf der Arbeitsfläche 5 bis 10 Minuten zu einem glatten, geschmeidigen Teig kneten; falls nötig noch etwas Mehl hinzufügen.

Den Teig in 8 gleich große Portionen teilen, jede Portion zu einer Kugel rollen, auf ein mit Backpapier belegtes Blech setzen und flach drücken. Mit etwas Tomatensauce bestreichen und mit Zutaten Ihrer Wahl belegen (siehe gegenüber). Die Mini-Pizzen im vorgeheizten Ofen etwa 10 Minuten backen, bis sich der Teig goldbraun färbt.

GUT ZU WISSEN
Dinkel ist eine alte, mit Weizen verwandte Getreidesorte, die jedoch weitaus weniger Gluten enthält als moderne Weizenzüchtungen. Dafür besitzt Dinkel mehr Mineralstoffe und ist naturbelassener. Viele Menschen mit Weizenintoleranz vertragen Dinkel sehr gut.

Artischocken, Mozzarella und Basilikum

♥♥

8 Artischockenherzen aus der Dose, dünn aufgeschnitten
8 Basilikumblätter, grob gezupft
80 g Büffelmozzarella, klein gezupft

Zucchini, Feta und Zitrone

♥♥

½ Zucchini, dünn aufgeschnitten
½ Zitrone, Zesten
60 g Feta, zerbröselt

Fenchel, Süßkartoffel und Ziegenkäse

♥♥

½ kleine Fenchelknolle, dünn aufgeschnitten
1 Süßkartoffel, dünn aufgeschnitten
25 g Ziegenhartkäse, gerieben

Geschmorter Knoblauch, Rote Bete und Feta

♥♥

12 Knoblauchzehen, geschmort und aus der Haut gedrückt (siehe Seite 102)
einige dünne Scheiben Rote Bete (Rande)
40 g Feta, zerbröselt

Als Inspiration hier einige unserer Lieblings-Pizzabeläge. Sie sind jeweils für vier Mini-Pizzen berechnet; für größere Pizzen verdoppeln Sie die Mengen einfach. Sie können sich Ihren Pizzabelag aber auch ganz nach Geschmack, Saison, Lust und Laune selbst zusammenstellen.

Spanische Tortilla mit Dill und Süßkartoffeln

Für 4 Portionen

♥♥

200 g Süßkartoffeln, längs geviertelt, in dünne Scheiben geschnitten
2 EL Olivenöl, zusätzlich Öl für die Pfanne
6 Eier
¼ rote Paprika, entkernt, in Streifen geschnitten
2 EL fein gehackter Dill
1 Prise Himalajasalz
gemischte Blattsalate zum Servieren

Zum Variieren zusätzlich:
60 g Lauch, in feine Ringe geschnitten
100 g Spargel

GUT ZU WISSEN
Für Vegetarier sind Eier eine der wenigen zugelassenen Proteinquellen. Eier lassen übrigens – anders als früher angenommen – den Cholesterinspiegel nicht ansteigen.

Diese Tortilla kommt immer dann auf den Tisch, wenn ich eigentlich »zu müde zum Kochen« bin. Denn sie ist absolut einfach zuzubereiten und gibt eine Menge Energie. Ein paar Lauchringe oder einige Spargelstangen sorgen für noch mehr Geschmack und Textur.

Den Backofen auf 170 Grad vorheizen.

Die Süßkartoffelscheiben auf ein Backblech legen, mit dem Olivenöl beträufeln und 20 Minuten im Ofen weich schmoren. Das Blech herausnehmen, den Ofen aber nicht ausschalten.

Die Eier in einer großen Schüssel verklopfen, die geschmorten Süßkartoffelscheiben, die Paprikastreifen, Dill und Salz unterheben.

Etwas Olivenöl auf ein Küchenpapier geben und damit eine beschichtete, ofenfeste Pfanne gleichmäßig fetten. Die Pfanne bei niedriger Temperatur erhitzen, die Ei-Gemüse-Mischung hineingeben und stocken lassen. Dabei mit einem Teigspatel alle 30 Sekunden die Tortilla dem Rand entlang von der Pfanne lösen, damit die Eimasse nicht anhängt. Wenn sich die Eimasse etwa ½ cm vom Pfannenrand gesetzt hat, die Pfanne in den Ofen schieben und die Tortilla 15 bis 20 Minuten stocken lassen. Um zu testen, ob sie durchgegart ist, drücken Sie in der Mitte mit einem breiten Messer auf die Oberfläche – es sollte keine flüssige Eimasse mehr austreten.

Warm, lauwarm oder kalt mit gemischten Blattsalaten servieren.

Geschichteter Gemüseauflauf

Für 4 Portionen

♥♥

80 g Puy-Linsen
4 EL Olivenöl, zusätzlich Öl zum Fetten
1 Ochsenherz-Tomate, grob gehackt
1 Knoblauchzehe, fein geschnitten
1 Rote Bete (Rande), fein gewürfelt
½ TL Tamari
1 TL getrockneter gehackter Schnittlauch
1 Prise gemahlener Kreuzkümmel
2 EL Wasser
400 g Butternut-Kürbis, längs dünn aufgeschnitten
300 g Zucchini, längs dünn aufgeschnitten

Dieser Auflauf stellt jede traditionelle Lasagne in den Schatten! Anstelle der Nudelteigblätter verwenden wir hier buntes Gemüse. Nach dem Essen fühlt man sich himmlisch satt – und unvergleichlich leicht!

Den Backofen auf 170 Grad vorheizen.

Die Linsen in einen kleinen Topf geben, mit Wasser bedecken und zum Kochen bringen. 10 bis 15 Minuten köcheln lassen, bis sie bissfest sind. Abgießen und beiseitestellen.

In der Zwischenzeit das Öl in einem großen Topf erhitzen und darin die Tomate andünsten. Knoblauch, Rote Bete, Tamari, Schnittlauch, Kreuzkümmel und Wasser dazugeben und alles zugedeckt bei mittlerer Hitze etwa 15 Minuten zu einer dicken Sauce einkochen lassen. Die Linsen zusammen mit etwas Kochwasser zur Tomatensauce geben und weitere 5 Minuten köcheln lassen.

Die Hälfte der Kürbisscheiben und ein Drittel der Zucchinischeiben in eine Auflaufform schichten und mit der Hälfte der Linsensauce bedecken. Die restlichen Kürbisscheiben und ein weiteres Drittel der Zucchinischeiben einschichten und wiederum mit Sauce bedecken. Mit einer Schicht Zucchinischeiben abschließen. Diese mit reichlich Olivenöl bestreichen. Den Auflauf 45 Minuten im Ofen backen, bis das Gemüse weich geschmort ist.

Statt mit Olivenöl kann die letzte Schicht auch mit dem Petersilienöl von Seite 98 bestrichen werden.

WAS IST TAMARI?
Tamari ist ein weizenfreies Sojasaucen-Ersatzprodukt. Wie Sojasauce besitzt Tamari ein pikantes Aroma und eine dunkle Farbe. Es eignet sich hervorragend für Dressings und Marinaden.

Linsen-Kokos-Ziegenkäse-Auflauf

Für 4 Portionen

♥

125 g Puy-Linsen
100 g Butternut-Kürbis, gewürfelt
3 EL Olivenöl
2 Knoblauchzehen, gehackt
200 ml Kokosmilch
80 g Ziegenhartkäse, gerieben
40 g glattblättrige Petersilie, gehackt
nach Belieben ½ rote Chili, fein geschnitten
Brunnenkresse zum Anrichten

Dies ist der perfekte Auflauf für alle, die es etwas reichhaltiger mögen. Die Linsen werden leichter verdaulich, wenn man dem Kochwasser Kombu-Algen beifügt, da diese die Fasern aufbrechen.

Den Backofen auf 170 Grad vorheizen.

Die Linsen in einem kleinen Topf mit Wasser bedecken, zum Kochen bringen und 10 bis 15 Minuten bissfest kochen. Abgießen und beiseitestellen.

Den gewürfelten Kürbis auf ein Backblech geben, mit 2 EL des Olivenöls beträufeln und im Ofen 10 Minuten knapp weich backen. Das Blech aus dem Ofen nehmen, den Ofen aber nicht ausschalten.

In der Zwischenzeit des restliche Olivenöl (1 EL) in einem Topf erhitzen und darin den Knoblauch andünsten. Linsen, Kürbis und 50 ml der Kokosmilch dazugeben und 5 Minuten köcheln lassen. Die Mischung in eine große Auflaufform oder in 4 Souffléförmchen füllen, mit der restlichen Kokosmilch übergießen und im Ofen 15 Minuten backen. Den Auflauf mit dem geriebenen Käse bestreuen und zurück in den Ofen schieben, bis der Käse geschmolzen ist.

Mit gehackter Petersilie und für alle, die es pikant mögen, mit etwas gehackter roter Chili bestreuen und mit Brunnenkresse garniert servieren.

Quinoa-Cranberry-Burger

Für 4 Portionen

♥♥

100 g Süßkartoffel, grob gewürfelt
3 EL Olivenöl
100 g Quinoa
2 TL Instant-Gemüsebrühepulver
40 g getrocknete Cranberries, 4 Stunden in Wasser eingeweicht, dann abgegossen und abgetropft
½ Bund Petersilie, gehackt
2 gehäufte EL Hefeflocken
15 g Pfeilwurzmehl
1 Prise Himalajasalz
1 Eiweiß
Olivenöl zum Ausbacken

Sauce

50 g Macadamianüsse
2 TL Tahini
1 TL geriebener frischer Ingwer
Saft von 1 Zitrone
2 EL Wasser
1 Prise Cayennepfeffer
1 Prise gemahlener Kreuzkümmel

Diese süßlich-pikanten Mini-Burger eignen sich zum Aperitif, als Vorspeise oder auch als Hauptgericht. Die Hefeflocken reichern dieses Gericht mit Vitamin B12 an und geben ihm ein leichtes Käsearoma; es geht aber auch gut ohne sie.

Für die Sauce alle Zutaten im Mixer zu einer glatten Paste verarbeiten, beiseitestellen.

Den Backofen auf 170 Grad vorheizen.

Die Süßkartoffelwürfel auf ein Backblech geben, mit 2 EL des Olivenöls beträufeln und 30 Minuten im Ofen weich schmoren. Dann zusammen mit dem restlichen Olivenöl (1 EL) mit dem Pürierstab oder im Cutter (Blitzhacker) pürieren.

Die Ofentemperatur auf 180 Grad erhöhen.

Den Quinoa in einem Messbecher abmessen und die doppelte Menge Wasser in einem Topf zum Kochen bringen. Quinoa und Gemüsebrühepulver einrühren, nochmals zum Kochen bringen und 20 Minuten köcheln lassen, bis sich der Keim teilt. Abgießen und beiseitestellen.

Das Süßkartoffelpüree in einer Schüssel mit dem Quinoa und den restlichen Zutaten zu einer klebrigen Masse vermischen. Aus diesem Teig 8 Burger formen.

In einer Pfanne etwas Öl erhitzen und die Burger – falls nötig in mehreren Portionen – von jeder Seite 2 Minute goldbraun braten. Auf ein mit Backpapier belegtes Blech setzen und im Ofen 10 Minuten fertig garen. Die Burger mit der Sauce servieren.

WAS IST HIMALAJASALZ?
Dieses delikate kristalline Salz erstrahlt in leuchtendem Rosa und stammt aus ehemaligen Meeren. Es wurde ganz natürlich von der Sonne getrocknet, ist absolut rein und voller wunderbarer Mineralstoffe.

Wenn ich einen Salat zubereite, tue ich das so, als würde ich ein Haus konstruieren: Ich baue ihn Schicht für Schicht aus unterschiedlichen Aromen, Texturen und Farben auf, um einen »Wow«-Effekt zu schaffen.

Geschmorte Auberginen mit Sumach-Tahini-Dressing

Für 4 Portionen

2 Auberginen, quer in 1 cm dicke Scheiben geschnitten
Olivenöl zum Bestreichen
Salz, schwarzer Pfeffer aus der Mühle
2 EL Pinienkerne, geröstet
1 große Handvoll Basilikumblätter
Kerne von ½ Granatapfel (siehe Tipp Seite 98)

Dressing

40 g Tahini
3 EL Olivenöl extra vergine
3 EL Zitronensaft
4 EL heißes Wasser
1 Knoblauchzehe, gepresst
1 TL Gewürzsumach
Himalajasalz

Dieses von der libanesischen Küche inspirierte Gericht ist leichter als die meisten anderen Auberginenrezepte aus dieser Region. Gewürzsumach besitzt ein pikantes zitroniges Aroma und ist eines der wichtigsten Gewürze der Küche des Mittleren Ostens. *(Foto Seite 118)*

Für das Dressing alle Zutaten gründlich verrühren, abschmecken und falls nötig nachwürzen. Das Dressing kalt stellen (es kann im Kühlschrank bis zu 3 Tage aufbewahrt werden).

Die Auberginenscheiben von beiden Seiten dünn mit Olivenöl bestreichen, salzen und pfeffern. Die Auberginenscheiben in einer sehr heißen Grillpfanne von beiden Seiten goldbraun und weich braten oder im 220 Grad heißen Ofen 20 bis 30 Minuten grillen. (Das kann bereits 3 Tage im Voraus geschehen; die gegrillten Auberginenscheiben anschließend im Kühlschrank aufbewahren, vor dem Servieren jedoch rechtzeitig herausnehmen, sodass sie Raumtemperatur annehmen.)

Zum Servieren die gerösteten Auberginenscheiben auf einer Platte leicht überlappend auslegen, mit dem Dressing beträufeln, mit gerösteten Pinienkernen, Basilikumblättern und Granatapfelkernen bestreuen.

TIPP

Verrührt man das Tahini mit dem Wasser, sieht die Masse zunächst klumpig aus, doch keine Sorge – einfach weiterrühren, bis eine glatte Paste entsteht.

Nudel-Tofu-Salat mit Mirindressing

Für 2 Portionen

♥♥

Salat

125 g Buchweizennudeln
1 Karotte
½ kleine Zucchini
1 daumendickes Stück Daikon, fein geschnitten
1 kleine Handvoll Zuckerschoten (Kefen), fein geschnitten
1 Handvoll Mizuna-Blätter
20 g Bohnensprossen
50 g Granatapfelkerne, zusätzlich Kerne zum Garnieren
4 TL Sesamöl
125 g geräucherter Tofu, in 6 große Würfel geschnitten
2 TL Tamari
etwas Koriandergrün und Sushi-Ingwer für die Spieße
50 g Cashewkerne, trocken geröstet

Dressing

1 EL weiße Misopaste
2–3 EL Mirin
2 TL Sesamöl
2 TL Umeboshi-Pflaumenpüree
125 g Sushi-Ingwer
½ EL Reisessig
1 EL Limettensaft
75 ml Olivenöl
2 TL Wasser

Dieses eindeutig asiatisch inspirierte Rezept ist Gaumenkitzel und Augenschmaus zugleich. Karotten- und Zucchinispiralen sieht man nicht alle Tage, und die Buchweizen-Sobanudeln geben dem Gericht eine herzhafte Note. *(Foto Seite 119)*

Für das Dressing alle Zutaten zu einer dicken, glatten Paste mixen.

Die Buchweizennudeln nach Packungsangabe garen, kalt abschrecken und gut abtropfen lassen. Inzwischen mit dem Spiralschneider Karotte und Zucchini in schmale spiralförmige Streifen schneiden. Nudeln, Karotte und Zucchini in einer Schüssel gründlich vermischen. Das restliche Gemüse, die Granatapfelkerne und 2 TL des Sesamöls unterheben.

Unmittelbar vor dem Servieren das restliche Sesamöl in einer Pfanne erhitzen. Die Tofuwürfel darin 2 Minuten von allen Seiten goldbraun anbraten. Die Tamari-Sauce untermischen, sodass der Tofu rundum glasiert ist, und weitere 2 Minuten braten. Dann die Tofuwürfel abwechselnd mit Koriandergrün und Sushi-Ingwer auf 2 Holzspieße stecken.

Vor dem Servieren den Salat mit dem Dressing mischen und auf Teller verteilen. Mit den gerösteten Cashewkernen und den Granatapfelkernen bestreuen und jeweils einen Tofuspieß dazu anrichten.

GUT ZU WISSEN

Trotz seines Namens ist Buchweizen kein Weizen, sondern ein Knöterichgewächs, verwandt mit Rhabarber und Sauerampfer. Aufgrund seiner ähnlichen Verwendbarkeit wird er, wie Quinoa, als Pseudogetreide bezeichnet. Die kleinen, braunen bucheckernförmigen Körner besitzen erstaunliche Eigenschaften und ein Powerpaket an wertvollen Inhaltsstoffen. So enthält Buchweizen reichlich Rutin, das die empfindlichen Innenwände unserer Kapillare und Arterien schützt und damit als besonders herzfreundlich gilt.

Mais-Bohnen-Bratlinge

Für 2 Portionen

♥♥

2 große Eier
100 g tiefgefrorener Mais, aufgetaut und abgetropft
115 g tiefgefrorene kleine Favabohnen, aufgetaut und abgetropft
50 g Reismehl
2 EL fein gehacktes Koriandergrün
1 scharfe Chili (Vogelaugenchili), entkernt, fein gehackt
Saft von 1 Limette
¼ TL Himalajasalz
schwarzer Pfeffer aus der Mühle
Sonnenblumenöl zum Frittieren

Dressing

2 TL weiße Misopaste
1 TL Agavensirup
1 TL Zitronensaft

Diese appetitlichen Bratlinge schmecken unglaublich lecker. Sie sättigen nachhaltig – und trotzdem werden Sie sich nach dem Essen leicht und unbeschwert fühlen.

Für das Dressing alle Zutaten verrühren, beiseitestellen.

Für die Bratlinge die Eier in einer großen Schüssel verklopfen, Mais und Bohnen dazugeben. Anschließend Mehl, Koriandergrün, Chili und Limettensaft unterheben, salzen und pfeffern.

Etwas Sonnenblumenöl in einer großen Pfanne erhitzen und den Teig in Portionen (je nach gewünschter Größe 1 bis 2 EL) von beiden Seiten goldbraun ausbacken.

Die Bratlinge zum Beispiel mit einem Feta-Gurken-Spinat-Salat (siehe gegenüber) servieren und das Dressing dazu reichen.

GUT ZU WISSEN
Mais ist eine der ergiebigsten Vitamin-D-Quellen. Mais sieht also nicht nur sonnig aus, sondern ist es auch!

Feta-Gurken-Spinat-Salat

Für 4 Portionen

♥♥♥

½ TL Instant-Gemüsebrühepulver
6 Stängel Broccolini oder zarter Brokkoli
3 EL tiefgefrorene Erbsen, aufgetaut
1 kleine gelbe Paprika, entkernt und gewürfelt
1 Frühlingszwiebel, schräg fein geschnitten
½ Salatgurke, entkernt, gewürfelt
5 cm langes Stück Ingwer, geschält, gerieben
2 EL Olivenöl
Saft von 1 Zitrone
100 g Feta, zerbröselt
70 g zarte, junge Spinatblätter

In einen Topf 7 bis 8 cm hoch Wasser füllen, die Gemüsebrühe beifügen und zum Kochen bringen; den Brokkoli darin 3 Minuten garen. Die Erbsen dazugeben und weitere 2 Minuten mitdämpfen, bis der Brokkoli gar und die Erbsen durch und durch erhitzt sind. Abgießen und beiseitestellen.

Paprika, Frühlingszwiebel, Gurke und Ingwer in einer Schüssel vermischen. Olivenöl und Zitronensaft unterheben und darauf achten, dass sich der Ingwer gleichmäßig verteilt. Dann Brokkoli, Erbsen, Feta und Spinat behutsam unterheben.

Dieser Salat ist im Nu fertig und stellt eine ausgewogene Mahlzeit dar. Man kann ihn aber auch als feine Beilage servieren – mit oder ohne Feta, je nach Hauptgericht.

Pikante Tofuspieße mit Chili-Pesto-Dip

Für 2 Portionen

♥♥

- 1 rote Zwiebel, in Spalten geschnitten
- 75 g Butternut-Kürbis, gewürfelt
- 1 Fenchel, zerkleinert
- 2 EL Olivenöl, zusätzlich Öl zum Frittieren
- ½ TL Harissa
- 200 g Tofu, gewürfelt

Tofu saugt jedes Aroma dankbar auf ... und der Dip ist einfach köstlich!

Zuerst den Dip zubereiten (siehe unten).

Den Backofen auf 180 Grad vorheizen. Die Gemüsestücke in 1 EL des Olivenöls wenden, auf ein Backblech geben und im Ofen 35 bis 40 Minuten backen.

In der Zwischenzeit das Harissa in einer Schüssel mit dem restlichen Esslöffel Öl verrühren und die Tofuwürfel darin wenden. Eine Pfanne erhitzen und darin den Tofu unter häufigem Wenden 6 Minuten anbraten.

Die Tofuwürfel und Gemüsestücke auf Holzspieße stecken und mit dem Dip servieren. Dazu passen Zucchinispaghetti mit Minze-Mango-Marinade (siehe Seite 126).

Chili-Pesto-Dip

♥♥

- 40 g Rucola
- 4 Zweige Dill
- 50 g rohe Cashewkerne
- 30 g Feta
- Saft von ½ Zitrone
- ½ TL gemahlener Ingwer
- 1 kleine rote Chili
- 1–2 EL rohe Sonnenblumenkerne
- 1 EL Olivenöl
- 2 EL Wasser

Alle Zutaten im Mixer zu einer glatten, cremigen Paste verarbeiten.

GUT ZU WISSEN

Die leuchtend bunten Kürbisse stecken voller Karotin, das vor Herzerkrankungen schützt. Je satter die Farbe, desto höher die Konzentration an Karotin. Außerdem liefern sie die Vitamine B_1, B_6 und C sowie Folsäure, die gerade in der frühen Schwangerschaft wichtig ist.

Zucchinispaghetti mit Minze-Mango-Marinade

Wenn Sie während Ihrer Säure-Basen-Ernährung mal Heißhunger auf Pasta bekommen, dann ist diese frische, gesunde Variante definitiv einen Versuch wert! Diese »Spaghetti-Rohversion« wird bei Ihrer nächsten Einladung garantiert der Knüller.

Für 2 Portionen

2 Zucchini

Marinade

1 Mango
4 EL Olivenöl
15 Minzeblätter
½ TL gemahlener Kreuzkümmel
1 TL Limettensaft
2½ cm langes Stück rote Chili
5 cm langes Stück frischer Ingwer

Die Zucchini mit dem Messer längs in feine, lange Streifen oder mit dem Spiralschneider in Spaghettiform schneiden.

Die Mango schälen und das Fruchtfleisch vom Stein schneiden. Zusammen mit den anderen Marinadenzutaten im Mixer pürieren. Über die Zucchinispaghetti geben und behutsam unterheben.

GUT ZU WISSEN

Mangos liefern alle Arten von sekundären Pflanzenstoffen (Karotinoide, Flavonoide und Antioxidantien), aber auch Vitamin C und Ballaststoffe. Diese pflanzlichen Wirkstoffe schützen vor Herzerkrankungen und Schlaganfällen und beugen bestimmten Krebsarten vor. Mangos enthalten außerdem Enzyme, die die Verdauung unterstützen. Auch die in dieser Marinade enthaltene Minze fördert die Verdauung.

Tomaten-Pilz-Dhal

Für 4 Portionen

♥♥♥

2 EL Olivenöl
1 Zwiebel, gehackt
2 Knoblauchzehen, gewürfelt
½ TL getrocknete Petersilie
¼ TL getrocknetes Koriandergrün
¼ TL Kreuzkümmelsamen
200 g Kirschtomaten
4–5 Riesenchampignons, in Scheiben geschnitten
900 ml Wasser
400 g rote Schällinsen
5 cm langes Stück rote Chili, fein gewürfelt
100 g frisches Koriandergrün, grob gehackt
30 g Petersilie, grob gehackt
70 g Spinat, nach Belieben

Während meiner Indienreise ernährte ich mich praktisch nur von Dhal. Und nach meiner Rückkehr konnte ich nicht mehr darauf verzichten. Dieses schnelle, einfache Alltagsgericht liefert jede Menge Eiweiß und tut einfach gut!

Das Olivenöl in einem großen Topf bei mittlerer Temperatur erhitzen und darin Zwiebel und Knoblauch 2 Minuten andünsten. Petersilie, Koriander, Kreuzkümmel, Tomaten und Pilze zusammen mit 25 ml des Wassers beifügen und schmoren lassen, bis die Haut der Tomaten aufzuplatzen beginnt und das Wasser aufgesaugt ist.

Dann Linsen, Chili und 400 ml des restlichen Wassers einrühren und bei mittlerer Hitze 25 bis 30 Minuten köcheln lassen; falls nötig das übrige Wasser hinzufügen, bis die Linsen gar und weich sind, ihre Form aber noch behalten.

Vor dem Servieren das frische Koriandergrün, Petersilie und – wer mag – Spinatblätter unterheben.

rbisrisotto

ionen

ernut-Kürbis, gewürfelt
nöl
ebel, gehackt
2 Knoblauchzehen, gehackt
180 g brauner Risottoreis
600 ml heiße Gemüsebrühe
1 Handvoll Salbeiblätter, gehackt, einige ganze Blätter zum Garnieren
1 Prise Himalajasalz

Rühren, rühren, rühren – das ist das Geheimnis der cremigen, saftigen Konsistenz eines guten Risottos. Und das Rühren hat nach einem langen Arbeitstag eine fast therapeutische, meditative Wirkung und lohnt alle Zeit und Mühe.

Den Backofen auf 180 Grad vorheizen.

Die Kürbiswürfel auf einem Backblech mit 2 Esslöffeln des Olivenöls vermischen und im Ofen 15 Minuten fast weich schmoren.

Den restlichen Esslöffel Öl in einem weiten Topf bei mittlerer Temperatur erhitzen, darin Zwiebel und Knoblauch 2 bis 3 Minuten andünsten. Den Reis dazugeben und 1 Minute ständig rühren; dann die Temperatur zurückschalten und 2 gute Kellen Brühe zum Reis gießen. Unter ständigem sanftem Rühren bei geringer Hitze köcheln lassen, bis der Reis die Brühe aufgenommen hat. Dann eine weitere Kelle Brühe dazugeben und wiederum rühren, bis der Reis die Flüssigkeit aufgesaugt hat. So weiter verfahren.

Nach 30 Minuten Kürbis und Salbeiblätter unter den Reis heben und weiter Brühe hinzufügen, bis der Reis bissfest gegart ist – insgesamt dauert dies rund 50 Minuten. Mit Salz abschmecken und mit einigen Salbeiblättern garniert servieren.

TIPP

Statt Kürbis können Sie auch andere Gemüsesorten verwenden – so entstehen immer wieder neue Aromen und Konsistenzen. Nicht vergessen: Je härter das Gemüse, desto länger muss es mitgaren – und umgekehrt. Wenn Sie zum Beispiel Pilze verwenden, geben Sie sie erst ganz zum Schluss dazu.

Rote-Bete-Risotto mit rotem R

Für 4 Portionen

♥♥

- 2 EL Olivenöl
- 1 rote Zwiebel, gehackt
- 1 Knoblauchzehe, gehackt
- 180 g roter Camarguereis
- 600 ml heiße Gemüsebrühe
- 160 g Rote Bete (Rande), in Stücke zerkleinert
- 1 Handvoll Petersilie, gehackt
- 100 g Feta, zerbröselt

Die Zubereitung dieses Gerichts ist vielleicht etwas zeitaufw als die eines gewöhnlichen Risottos – aber es lohnt sich! Da tende Rot des Reises wird durch den Rote-Bete-Saft noch verstärkt. Und: Es schmeckt so köstlich wie es aussieht.

Das Olivenöl in einem weiten Topf bei mittlerer Temperatur erhitzen, darin Zwiebel und Knoblauch 2 bis 3 Minuten andünsten. Den Reis dazugeben und 1 Minute ständig rühren, bis alle Reiskörner mit Öl umhüllt sind; dann die Temperatur zurückschalten und 2 gute Kellen Brühe zum Reis gießen. Unter ständigem sanftem Rühren bei geringer Hitze köcheln lassen, bis der Reis die Brühe aufgenommen hat. Dann eine weitere Kelle Brühe dazugeben und weiter rühren, bis der Reis die Flüssigkeit aufgesaugt hat. So weiter verfahren.

Nach 10 Minuten die Rote Bete dazugeben, nach weiteren 25 Minuten einen Großteil der Petersilie, und dabei nach und nach die restliche Brühe einrühren, bis der Reis bissfest gegart ist; insgesamt wird dies 30 bis 40 Minuten dauern. In der letzten Minute der Garzeit einen Großteil des Fetas einrühren – so bekommt der Risotto eine wunderbar cremige Konsistenz.

Mit dem restlichen Feta und der restlichen Petersilie bestreut servieren.

Erbsen-Carbonara

Für 2 Portionen

3 EL Olivenöl
1 Schalotte, gewürfelt
2 kleine Knoblauchzehen, fein geschnitten
225 g tiefgefrorene Erbsen, aufgetaut und abgetropft
100 g Favabohnen, frisch, ausgelöst oder tiefgefroren und aufgetaut
Himalajasalz, schwarzer Pfeffer aus der Mühle
180 g glutenfreie Spaghetti
2 Eigelb
80 g Ziegenhartkäse, gerieben
2 Handvoll Minzeblätter, die Hälfte gehackt, die andere Hälfte ganz

Wer sagt, dass man nicht mal einen Teller cremiger Pasta genießen dürfe? Dieses wundervolle Gericht aus meinen Kindertagen würde ich niemals von meinem Speiseplan streichen – und so haben wir einen Weg gefunden, es »Säure-Basen-tauglich« aufzubereiten.

Das Olivenöl in einem Topf erhitzen und darin bei mittlerer Hitze Schalotte, Knoblauch, Erbsen und Bohnen andünsten, bis die Schalotten weich werden; den Topf dabei zur Hälfte zudecken. Salzen und pfeffern.

In der Zwischenzeit in einem großen Topf reichlich Salzwasser zum Kochen bringen und darin die Spaghetti gemäß der Packungsangabe gar kochen; abgießen und abtropfen lassen.

Die Eigelbe in einer Schüssel mit der Hälfte des geriebenen Ziegenkäses sowie der gehackten Minze verrühren; mit schwarzem Pfeffer aus der Mühle abschmecken.

Die abgetropften Spaghetti zu der Schalotten-Erbsen-Mischung geben, die Eimischung hinzufügen und bei niedriger Hitze alles gut vermischen, sodass die Nudeln mit der Sauce umhüllt sind und die Eimischung etwas eindickt.

Vor dem Servieren mit dem restlichen geriebenen Käse bestreuen, und mit den ganzen Minzeblättern sowie nach Belieben etwas fein geschnittener roter Chili garnieren.

TIPP

Glutenfreie Nudeln neigen dazu, schnell zu zerfallen; heben Sie sie deshalb sehr behutsam unter die Sauce.

Pikante Bohnenburger mit Cajun-Kartoffeln und Krautsalat

Für 4 Portionen

♥♥

1½ EL Olivenöl
1 TL gemahlener Koriander
1 TL Kurkuma
2 große Knoblauchzehen, gehackt
1 kleine rote Chili, gehackt
1 Zwiebel, gehackt
1 Karotte, gerieben
½ Zucchini, gerieben
50 g frische oder tiefgefrorene Maiskörner
250 g Schwarzaugenbohnen aus der Dose, abgespült und abgetropft
250 g schwarze Bohnen aus der Dose, abgespült und abgetropft
1 TL Himalajasalz
1 EL gehacktes Koriandergrün
50 g Hirseflocken
Polentagrieß zum Panieren
Sonnenblumenöl zum Frittieren

Was gibt es Schöneres, als in einen ebenso herzhaften wie gesunden Burger zu beißen und dazu hausgemachte pikante Kartoffeln und knackigen Krautsalat zu genießen.

Das Öl in einem großen Topf erhitzen, Koriander und Kurkuma 2 Minuten darin andünsten. Dann Knoblauch und Chili 1 bis 2 Minuten mitschmoren, bis beides weich ist. Anschließend die Zwiebel hinzufügen und weitere 3 bis 4 Minuten glasig schmoren. Wenn die Mischung zu trocken wird, einige Tropfen Wasser dazugeben. Karotte und Zucchini hinzufügen und 1 bis 2 Minuten weich schmoren. Den Mais weitere 2 Minuten mitdünsten, dann die Bohnen ebenfalls 2 Minuten mitdünsten. Salzen.

Die Mischung in eine Schüssel umfüllen, den gehackten Koriander und die Hirseflocken unterheben. Sobald die Mischung etwas abgekühlt ist, behutsam durchkneten, sodass die Bohnen platzen. Aus der Masse 8 Burger formen.

Reichlich Polentagrieß auf einem Teller verteilen und die Burger darin wenden. Dann 30 Minuten im Kühlschrank kalt stellen.

In der Zwischenzeit den Backofen auf 160 Grad vorheizen.

Etwas Sonnenblumenöl in einer Pfanne erhitzen und die Burger portionsweise von jeder Seite etwa 2 Minuten goldbraun braten. Dann auf ein mit Backpapier belegtes Blech setzen und im Ofen 20 Minuten fertig garen.

Heiß servieren; dazu Cajun-Süßkartoffeln und Krautsalat (siehe Seite 136) reichen.

Cajun-Süßkartoffeln

Für 4 Portionen

♥♥♥

3 Süßkartoffeln, längs in Spalten geschnitten
2 EL Olivenöl
Cajun-Gewürzmischung

Den Backofen auf 160 Grad vorheizen.

Die Süßkartoffelspalten in einer Schüssel gründlich mit Olivenöl und Cajun-Gewürzmischung vermischen. Dann auf ein Backblech geben und 30 Minuten im Ofen goldbraun backen.

Genuss ohne schlechtes Gewissen – diese Kartoffelspalten sind viel gesünder als jede fertig gekaufte Variante.

Krautsalat

Für 4 Portionen

♥♥♥

65 g Rotkohl, fein gehobelt
150 g Weißkohl, fein gehobelt
50 g Süßkartoffel, geschält, geraspelt
50 g Knollensellerie, geschält, geraspelt
½ Apfel, geraspelt (50 g)
1 Frühlingszwiebel, fein geschnitten
2 gehäufte EL rohe Sonnenblumenkerne, 30 Minuten eingeweicht und dann abgetropft
1 TL Himalajasalz
schwarzer Pfeffer aus der Mühle

Tahini-Cashew-Mayo

1 gehäufter EL Tahini
1 gehäufter TL Cashewbutter
1 EL Olivenöl
Saft von ½ Limette
½ TL weiße Misopaste
2 Knoblauchzehen
Salz, schwarzer Pfeffer aus der Mühle

Für die Tahini-Cashew-Mayo alle Zutaten im Mixer fein pürieren; falls nötig nach und nach etwas Wasser hinzufügen, damit eine glatte, geschmeidige Paste entsteht. Pfeffern und salzen.

Die Salatzutaten in einer großen Schüssel mischen. Die Mayonnaise dazugeben und mit den Händen gründlich unterheben, sodass das Gemüse vollständig vom Dressing umhüllt ist.

Bereiten Sie von der »Mayo« gleich eine große Portion zu – sie hält sich im Kühlschrank bis zu 5 Tage frisch und ergibt auch ein cremiges Dressing für andere Salate.

WAS IST WEISSE MISOPASTE?
Weiße Misopaste ist im Gegensatz zu anderen Misosorten nur 2 bis 8 Wochen fermentiert. Sie besitzt eine cremige Konsistenz und eignet sich wunderbar für Salatdressings.

Tofu süß-sauer

Für 4 Portionen

♥

100 g Karotten, geschält
1 EL Sojabohnenpaste
300 ml kochendes Wasser
100 g frischer Ingwer, in dünne Scheiben geschnitten
1 Stängel Zitronengras, geschält, fein gehackt
10 Flaschen-Tomaten, gewürfelt
½ grüne Paprika, gewürfelt
½ rote Paprika, gewürfelt
50 g Edamame-Bohnen
½ Zwiebel, fein geschnitten
1 TL Tamari
1 EL Honig
150 g geräucherter Tofu, gewürfelt
geröstete Cashewkerne zum Garnieren

Ich habe immer nach einer gesunden Alternative zu diesem köstlichen chinesischen Gericht gesucht, das ich so gerne mag – und hier ist sie!

Die Karotten schräg in feine Scheiben schneiden und in kochendem Wasser 1 Minute blanchieren.

In einem separaten Topf die Sojabohnenpaste in dem kochenden Wasser auflösen, dann Ingwer und Zitronengras dazugeben. Die Mischung zum Kochen bringen und 25 bis 30 Minuten köcheln lassen, bis das Wasser eingekocht und voller Aroma ist.

Die gewürfelten Tomaten 5 Minuten mitkochen, dann grüne und rote Paprika, Edamame-Bohnen und Zwiebel weitere 3 Minuten mitkochen. Tamari und Honig einrühren, den Tofu hinzufügen und durchhitzen.

Mit gerösteten Cashews garnieren und dazu braunen Reis reichen.

Kichererbsen-Süßkartoffel-Eintopf

Für 4 Portionen

♥♥

2 EL Olivenöl
1 rote Zwiebel, fein geschnitten
2 Knoblauchzehen, fein geschnitten
600 ml Wasser
1 Süßkartoffel, in 2½ cm große Würfel geschnitten
5 große Strauchtomaten, geviertelt
3 frische oder getrocknete Lorbeerblätter
½ rote Chili, fein gehackt
1 TL gemahlener Kreuzkümmel
1 Prise Cayennepfeffer
1 kleine Aubergine, längs geviertelt und in 1 cm dicke Scheiben geschnitten
800 g Kichererbsen aus der Dose, abgespült und abgetropft
grob gehacktes Koriandergrün zum Garnieren

Ich verwende Süßkartoffeln ungeschält, weil in der Schale viele Nährstoffe stecken und sie außerdem gut schmeckt – aber vor dem Kochen müssen sie natürlich gründlich geschrubbt werden. Strauchtomaten sind sehr aromatisch, Sie können aber auch Flaschen- oder Ochsenherztomaten verwenden.

Das Olivenöl in einem großen Topf bei mittlerer Temperatur erhitzen, Zwiebel und Knoblauch darin 3 bis 4 Minuten andünsten, bis sie weich sind. 50 ml des Wassers und die Süßkartoffel hinzufügen, dann die Tomatenviertel beigeben und mit einer Gabel zerdrücken. Die Lorbeerblätter dazugeben und alles 5 Minuten köcheln lassen.

Chili, Kreuzkümmel, Cayennepfeffer und 300 ml des Wassers einrühren und weitere 15 Minuten köcheln lassen, bis die Mischung saucenartig eindickt. Aubergine, Kichererbsen und das restliche Wasser hinzufügen und weitere 10 Minuten unter häufigem Rühren köcheln lassen, bis die Aubergine weich und die Sauce dicklich eingekocht ist.

Den Eintopf mit Koriandergrün bestreuen und ohne Beilage oder mit braunem Reis servieren.

GUT ZU WISSEN
Wussten Sie, dass Cayennepfeffer Ihnen beim Abnehmen hilft? Der Grund: Seine erhitzende Eigenschaft feuert den Stoffwechsel an.

Keiner kann einem gemütlichen Curry-Fernsehabend widerstehen – am allerwenigsten ich. Kinderleicht zuzubereiten, kann man dieses Curry schon am Vortag kochen – die Aromen intensivieren sich dann noch.

Gelbes Thaicurry mit Jasminreis

Für 2 Portionen

Currypaste

3 Schalotten, gehackt
1 Stängel Zitronengras, geschält, gehackt
2 kleine rote Chilis, entkernt
5 Knoblauchzehen
½ Handvoll Koriandergrün
5 cm langes Stück Galanga, geschält, gehackt
1 Kaffirlimettenblatt
1 EL gemahlene Koriandersamen
1½ EL mildes Chilipulver
½ TL Kurkuma
2 TL Reissirup
¼ TL Himalajasalz

Curry

1 Stängel Zitronengras
1 EL Kokosöl
5 gehäufte TL Currypaste
½ kleine Aubergine
400 ml Kokosmilch
½ gelbe Paprika
1 Handvoll Zuckerschoten (Kefen)
5–6 Stangen dünner Thaispargel
6–8 rote und gelbe Kirschtomaten, halbiert
150 ml Wasser
4 Blätter Thaibasilikum, grob gehackt
Tamari zum Abschmecken

Falls Sie noch nie eine Currypaste selbst hergestellt haben: Dies ist die einfachste Einsteiger-Variante. Die Mühe lohnt sich – Sie werden sich wie ein Kochgenie fühlen! Mit ungeschältem Jasminreis ist dieses Curry absolut authentisch. (Foto Seite 140)

Für die Currypaste alle Zutaten im Mixer fein pürieren.

Für das Curry das Zitronengras schälen, leicht anquetschen und in Stücke zerkleinern. Das Kokosöl erhitzen und bei niedriger Temperatur das Zitronengras darin 2 Minuten andünsten. Die Currypaste hinzufügen und weitere 2 Minuten dünsten.

Die Aubergine der Länge nach halbieren, in dünne Scheiben schneiden und 5 Minuten in 200 ml der Kokosmilch köcheln lassen. Die Paprika in Streifen schneiden und diese weitere 5 Minuten mitköcheln lassen.

Zuckerschoten, Spargel und Tomaten sowie die restliche Kokosmilch und falls nötig noch etwas Wasser hinzufügen, bis die gewünschte Konsistenz erreicht ist, und alles 4 bis 5 Minuten kochen, bis das Gemüse gerade weich ist. Das Basilikum unterheben und mit etwas Tamari abschmecken.

Zu diesem Curry reiche ich gerne ungeschälten Jasminreis, den ich mit gerösteten Sesamkörnern und abgeriebener Zitronenzeste bestreue.

TIPP

Lassen Sie das Öl nicht zu heiß werden, sonst verbrennen die Gewürze und machen das wunderbare Aroma des Currys zunichte.

Mungobohnen-Curry

Für 4 Portionen

♥♥

½ TL Kokosöl
1 rote Zwiebel, gehackt
1 TL fein gehackter Knoblauch
1 TL geriebener Ingwer
3–4 kleine rote oder grüne Chilis, fein gehackt
1 gehäufter TL Sojabohnenpaste
1 TL Zimt
1½ TL Kurkuma
1 TL Paprikapulver
2 frische oder getrocknete Kaffirlimettenblätter
3 Flaschen-Tomaten, gehackt
1 Süßkartoffel, gewürfelt
400 ml Kokosmilch
150 g gespaltene Mungobohnen, 1 Stunde eingeweicht, abgegossen
1 Handvoll junge, zarte Spinatblätter oder gehacktes Koriandergrün zum Garnieren, nach Belieben

Dieses Curry kommt ohne Kommentar aus. Jeder liebt es, selbst Kinder, denn es ist wärmend und wohlig sättigend – und trotzdem fühlt man sich nach dem Essen nicht beschwert. (Foto Seite 141)

Das Kokosöl in einem großen Topf erhitzen, dann den Topf mit Küchenpapier auswischen. Zwiebel, Knoblauch, Ingwer, Chilis und Sojabohnenpaste 2 bis 3 Minuten im Topf andünsten, bis die Zwiebeln weich werden. Die Gewürze, Kaffirlimettenblätter und Tomaten hinzufügen und weitere 2 bis 3 Minuten schmoren, bis die Tomaten weich sind. Die Süßkartoffel zugeben und 3 Minuten mitdünsten, dann die Kokosmilch und die Mungobohnen hinzufügen und alles 15 bis 20 Minuten köcheln lassen, bis die Süßkartoffel gar ist.

Wer möchte, hebt am Ende eine Handvoll Spinat unter – das sorgt für einen hübschen Farbeffekt. Oder aber das Curry nur mit Koriandergrün bestreuen. Mit ungeschältem Reis servieren.

GUT ZU WISSEN

Mungobohnen besitzen von allen Hülsenfrüchten am meisten Nährstoffe und sind am vielseitigsten zu verwenden. Sie sind ein echtes »Energiefutter«.

2

Roher Pad Thai

Für 2 Portionen

2 Zucchini
1 Karotte
20 g Edamame-Bohnen
1 Handvoll Zuckerschoten (Kefen), schräg fein geschnitten
½ Bund dünner grüner Spargel, schräg fein geschnitten

Sauce

50 g rohe Cashewkerne, 2 Stunden eingeweicht und abgetropft
3 frische oder getrocknete Datteln
1 Stängel Zitronengras, geschält, gehackt
10 g frischer Ingwer, gehackt
2 große Knoblauchzehen
abgeriebene Schale und Saft von 1 Limette
1 TL Tamari
1 TL getrocknete Chiliflocken

Zum Garnieren

1 EL fein gehacktes Koriandergrün
leicht angeröstete Cashewkerne
1 Frühlingszwiebel, fein geschnitten

Es macht Spaß, dieses Reisgericht zuzubereiten – besonders auch mit Kindern. Denn der Spiralschneider ist ein herrliches Spielzeug. Das genießen natürlich auch wir Großen.

Für die Sauce die Cashewkerne mit den übrigen Zutaten im Mixer fein zerkleinern; dabei nach und nach etwas Wasser zugeben, sodass eine geschmeidige Paste entsteht.

Zucchini und Karotte mit dem Spiralschneider in nudelähnliche feine Streifen schneiden und diese in eine Schüssel geben. Edamame-Bohnen, Zuckerschoten und Spargel unterheben, dann die Mischung mit der Sauce übergießen und gründlich vermengen.

Mit Koriandergrün, gerösteten Cashewkernen und Frühlingszwiebeln garnieren.

Aubergine mit Cashewpesto

Für 2 Portionen

♥

1 Aubergine
4 EL Olivenöl
50 g rohe Cashewkerne
40 g Koriandergrün
1 Knoblauchzehe
50 g Feta, zerbröselt

Dieses einfache, aber köstliche Gericht ist im Handumdrehen zubereitet. Obwohl vegetarisch, ist es eine herzhafte, vollständige Mahlzeit; die Cashewkerne liefern eine Menge Eiweiß.

Den Backofen auf 170 Grad vorheizen.

Die Aubergine der Länge nach halbieren und mit der Schnittseite nach oben auf ein Backblech legen, mit 2 Esslöffel des Olivenöls beträufeln und im Ofen etwa 25 Minuten fast weich schmoren.

In der Zwischenzeit die Cashewkerne mit Koriandergrün, Knoblauch und den restlichen 2 Esslöffeln Olivenöl im Mixer zu einer groben Paste zerkleinern. Wenn die Auberginenhälften fast weich geschmort sind, mit dem Pesto bestreichen und weitere 10 Minuten im Ofen überbacken, bis der Pesto knusprig ist und braun zu werden beginnt.

Mit dem zerbröselten Feta bestreuen und mit süßem Tomaten-Tabouleh (siehe unten) servieren.

Süßes Tomaten-Tabouleh

Für 2 Portionen

♥♥

80 g kleine Strauchtomaten, entkernt, gewürfelt und abgetropft
100 g glattblättrige Petersilie, grob gehackt
30 g rohe Sesamkörner
2 EL Olivenöl
Saft von 2 Zitronen
2 TL Agavensirup

Die Tomatenwürfel mit Petersilie und Sesam vermischen.

Die restlichen Zutaten zu einem Dressing verrühren, über den Tomatensalat geben und behutsam unterheben.

GUT ZU WISSEN
Petersilie enthält viel Eisen – das gibt Kraft für den ganzen Tag.

Dieser pikante, erfrischende Salat ist eines meiner Lieblingsgerichte – ich könnte eine ganze Schüssel davon essen, ohne davon zu viel zu bekommen. Die Sesamkörner liefern viele Mineralstoffe wie Kalzium und Selen.

Süßes und Snacks

Knuspermüsli-Riegel

Für 12 Stück

♥♥

200 g kernige, großblättrige Haferflocken
200 g Datteln, zerkleinert
100 g getrocknete Feigen, zerkleinert
75 g Gojibeeren
75 g getrocknete Blaubeeren
75 g Rosinen
2 EL rohe Leinsamen
1 Prise Zimt
½ TL Vanilleextrakt
½ EL Lucumapulver
1 EL Macapulver
2 EL rohe Kürbiskerne
1 EL Agavensirup

GUT ZU WISSEN
Diese selbst gemachten Riegel sind unschlagbar – garantiert ohne Zusatzstoffe, reich an Vitamin B und voller Energie.

Genuss ohne Reue, denn diese Riegel schmecken nicht nur toll, sondern stecken auch voller nährstoffreicher, gesunder Zutaten wie Gojibeeren, Lucuma- und Macapulver, Blaubeeren und Agavensirup, die dank vieler Antioxidantien heilend und aufbauend wirken, Ihnen mehr Energie und Gesundheit geben. (Foto Seite 148/149)

Den Backofen auf 150 Grad vorheizen.

Die Haferflocken auf einem Blech verteilen und etwa 20 Minuten im Ofen goldbraun backen; dabei alle 5 Minuten wenden. Das Blech aus dem Ofen nehmen und die Haferflocken auf dem Blech abkühlen lassen.

Datteln und Feigen in einem Topf mit Wasser bedeckt zum Kochen bringen und unter gelegentlichem Rühren 45 Minuten köcheln lassen; falls nötig etwas Wasser nachgießen. Die Datteln und Feigen müssen zu einer breiigen, süßen Masse einkochen. Die Kochzeit hängt davon ab, wie trocken die Früchte sind – je trockener, desto länger die Kochzeit. Den Topf vom Herd nehmen, sobald sich die Mischung in eine sirupartige Masse verwandelt hat.

Gojibeeren, Blaubeeren, Rosinen und Leinsamen einrühren und die Mischung 10 Minuten ruhen lassen, sodass die Beeren und Rosinen einen Teil des Sirups aufsaugen.

Dann Zimt, Vanilleextrakt, Lucuma- und Macapulver sowie Kürbiskerne und Agavensirup einrühren. Anschließend die Haferflocken nach und nach in kleinen Portionen mit der Masse vermengen; nach jeder Portion gründlich rühren, sodass sie sich gut mit der Masse verbinden.

Die süße, klebrige Masse gleichmäßig etwa 1½ cm dick auf ein mit Backpapier belegtes Blech streichen und im Ofen 15 bis 20 Minuten knusprig und goldbraun backen.

Das Blech aus dem Ofen nehmen und die nun feste Masse in 12 Quadrate schneiden. Sobald sie etwas abgekühlt sind, vorsichtig vom Backpapier lösen und auf einem Kuchengitter vollständig abkühlen lassen.

Schoko-Erdnussbutter-Cupcakes

Für 6 Stück

100 g rohe Kakaobutter
4 EL Agavensirup
75 g rohes Kakaopulver
150 g ungesalzene Erdnusskerne
2 EL Kokosöl
1 TL Hefeflocken

Ich bin mit Cupcakes groß geworden – diese hier sind allerdings deutlich gesünder. Und nach Kindheit schmecken sie trotzdem!

Kakaobutter und Agavensirup im Vitamix oder einem anderen Mixer mit hoher Umdrehungszahl zu einer flüssigen Masse verarbeiten, das Kakaopulver hinzufügen und nochmals durchmixen. Die Masse in eine Schüssel geben. Den Boden und die Seitenwände von 6 Mini-Muffinförmchen aus Papier mit der Schokolade bestreichen; den Rest zum Glasieren der Oberfläche aufbewahren. Die Förmchen 4 Minuten in den Kühlschrank stellen, damit die Schokolade fest wird.

In der Zwischenzeit den Mixer auswaschen und abtrocknen; dann darin die restlichen Zutaten zu einer geschmeidigen Buttermasse verarbeiten. Die Erdnussbutter in die Papierförmchen verteilen und jedes mit einer Schicht Schokomasse bestreichen. 5 bis 10 Minuten im Kühlschrank kalt stellen, bis die Schokohaube fest ist. Die Cupcakes in einem luftdicht verschlossenen Behälter im Kühlschrank aufbewahren.

Süße Körnerriegel

Für 10 bis 12 Stück

♥♥

- 175 g entsteinte Datteln, gehackt
- 450 ml Wasser
- 150 g rohe Cashewkerne
- 150 g rohe Haselnüsse
- 300 g kernige, großblättrige Haferflocken
- 150 g rohe Kürbiskerne
- 150 g rohe Sonnenblumenkerne
- 475 g Agavensirup oder flüssiger Honig
- 75 g gemischte rohe Kürbis- oder Sonnenblumenkerne oder Sesamkörner als Belag

Das Tolle an dieser leckeren Nascherei ist, dass sie keine unerwünschten Zutaten enthält, die die gute Absicht zunichte machen würden, wie zum Beispiel den in handelsüblichen Varianten verwendeten Demerara-Zucker. Nüsse und Kerne liefern Eiweiß und wertvolle Fette, die unserem Hirn, unserer Haut und unserer Stimmung gut tun. Sie werden sie lieben!

Den Backofen auf 160 Grad vorheizen.

Die Datteln und 225 ml des Wassers in einem Topf zum Kochen bringen und köcheln lassen, bis die Datteln weich sind. Alles im Mixer zu einer Paste pürieren und diese in eine große Rührschüssel geben.

Cashewkerne und Haselnüsse mit dem restlichen Wasser im Mixer zu einer glatten Masse pürieren und diese unter die Dattelmasse mischen.

Haferflocken, Kürbis- und Sonnenblumenkerne im Cutter (Blitzhacker) grob hacken und zu der Dattel-Nuss-Masse geben. Agavensirup oder Honig einrühren, alles gründlich vermischen.

Die Masse 1 bis 2 cm dick auf ein mit Backpapier belegtes Blech streichen, mit den gemischten Kernen bestreuen und im Ofen 20 Minuten goldbraun backen. Auf dem Blech abkühlen lassen, dann in rechteckige Stücke schneiden.

WAS IST AGAVENSIRUP?

Der auch unter der Bezeichnung Agavennektar bekannte Extrakt aus dem Herz der kaktusähnlichen Agavenpflanze ist eine natürliche Alternative zu Zucker. Im Gegensatz zu raffiniertem Zucker gelangt Agavensirup nur langsam ins Blut, wodurch das für Raffinadezucker typische rasante Auf und Ab des Blutzuckerspiegels vermieden wird.

Der Gedanke, dass Süßes auch gesund sein kann, ist für mich einfach unwiderstehlich!

Schoko-Kokos-Kugeln

Für 12 Stück

10 frische Datteln, entsteint
50 g rohes Kakaopulver
2 EL rohe Mandeln
200 g Kokosflocken
30 g Agavensirup
2 EL Kokosöl
1 TL Xylit (Birkenzucker)
2 EL Wasser

Wer kann diesen verführerischen, süßen Schokokugeln widerstehen? Ich jedenfalls nicht! Wenn Sie der Schokoladen-Heißhunger übermannt, ist das die Lösung! (Foto Seite 154)

Den Backofen auf 180 Grad vorheizen.

Datteln, Kakaopulver und Mandeln im Mixer etwa 1 Minute zu einer dicken, stückigen Paste verarbeiten. Die restlichen Zutaten hinzufügen und alles zu einer groben Masse zerkleinern.

Die Masse in eine Schüssel geben und daraus 12 Kugeln formen. Diese auf ein mit Backpapier belegtes Blech setzen und im Ofen 10 Minuten backen. Herausnehmen und abkühlen lassen.

Mango-Kokos-Kugeln

Für 20 Stück

250 g getrocknete, ungesüßte Kokosraspel
200 g getrocknete, ungesüßte, ungeschwefelte Mango, 30 Minuten in Wasser eingeweicht, dann abgetropft
40 g Agavensirup
8 EL Kokosöl
2 TL frisch abgeriebene Zitronenschale

Diese kleinen Energiebomben sind der perfekte Snack – mit ihrer natürlichen Süße zergehen sie auf der Zunge. (Foto Seite 155)

225 g der Kokosraspel im Mixer mit Mango, Agavensirup, Kokosöl und Zitronenschale zu einer klebrigen Paste verarbeiten und diese in eine Schüssel geben.

Die restlichen Kokosraspel in eine separate Schüssel geben. Die Masse zu kleinen Kugeln formen und in den Kokosraspeln wälzen.

Die Kokoskugeln auf ein mit Backpapier belegtes Blech setzen und 20 Minuten in den Tiefkühler schieben. Anschließend in einem luftdicht verschlossenen Behälter im Kühlschrank aufbewahren.

Nusskekse

Für 15 Stück

135 g rohe Paranüsse
250 g rohe Mandeln
80 g Kokosflocken
175 g Backpflaumen
85 g getrocknete Aprikosen
3 EL rohe Sonnenblumenkerne
4 EL rohe Kürbiskerne
fein abgeriebene Schale von 1 Zitrone
etwa 2 EL Apfelsaft

Diese Nascherei ist Anwärter auf die Auszeichnung »gesündester Keks der Welt« – und voller kerniger Aromen steckt sie allemal!

Den Backofen auf 150 Grad vorheizen.

Alle Zutaten im Mixer zu einer homogenen Masse verarbeiten; falls nötig noch etwas Apfelsaft hinzufügen.

Die Masse zu 15 Kugeln formen, auf ein mit Backpapier belegtes Blech setzen und auf eine Dicke von ½ cm flach drücken.

Im Ofen 15 Minuten backen, sodass die Kekse gerade fest sind. Auf einem Kuchengitter abkühlen lassen.

Grünkohl-Chips

Als ich diese Chips zum ersten Mal probierte, war ich begeistert von ihrem fantastischen Geschmack. Kaum zu glauben, dass getrocknetes Gemüse so lecker und so nahrhaft sein kann ...

Für 60 g

- 60 g Grünkohl
- 1 kleines Bund Thymian, Blätter abgezupft
- Saft von 1 Zitrone
- 60 g Hefeflocken
- 100 g rohe Cashewkerne
- 125 ml Wasser

Den Grünkohl in 5 cm große Stücke zerteilen.

Alle weiteren Zutaten im Mixer zu einer glatten Masse verarbeiten und mit den Fingern behutsam, aber gleichmäßig auf die Grünkohlblätter streichen.

Die Grünkohlblätter im Dörrautomaten (Dehydrator) 10 Stunden trocknen lassen oder wie auf Seite 54 beschrieben im Ofen trocknen.

GUT ZU WISSEN

Vegetariern und Veganerinnen stehen nur wenige Vitamin B_{12}-Quellen zur Verfügung; deshalb sind die kleinen, aromatischen Hefeflocken ein guter Weg, dieses wichtige Vitamin aufzunehmen. Erhältlich im Reformhaus oder Bioladen.

Kokosbrot

Für eine kleine Kastenform

280 g Vollkorn-Dinkelmehl
2 TL Backpulver
2 TL Zimt
130 g Kokosraspel, getrocknet und ungesüßt
75 g Ziegenbutter, zusätzlich Butter zum Fetten der Form
150 g Agavensirup
2 Eier
300 ml braune Reismilch (siehe Seite 57)
1 TL Vanilleextrakt

Kuchen ist tabu? Nein, auch im Rahmen einer Säure-Basen-Ernährung muss man auf süße Genüsse nicht verzichten. Dieses köstliche Kokosbrot ist der perfekte Snack am Nachmittag.

Den Backofen auf 180 Grad vorheizen. Eine kleine Kastenform mit Ziegenbutter fetten.

Mehl, Backpulver, Zimt und Kokosraspel in eine Schüssel sieben.

In einer separaten Schüssel die Ziegenbutter mit dem Agavensirup schaumig rühren. Eier, Milch und Vanilleextrakt hinzufügen, alles gut verrühren. Die Masse zu den Trockenzutaten geben und alles gründlich vermengen.

Den Teig in die Kastenform füllen und im Ofen 1 Stunde backen. Der Kuchen geht etwas auf und bekommt eine goldbraune Kruste. Wenn bei der Stäbchenprobe kein Teig mehr an dem in die Mitte des Kuchens gesteckten Metallspieß hängen bleibt, ist der Kuchen gar.

Den Kuchen 10 Minuten in der Form abkühlen lassen. Dann auf ein Kuchengitter stürzen und vollständig abkühlen lassen.

Nussbutter

Für die Nussbutter eine beliebige Menge Nüsse im Mixer oder Cutter (Blitzhacker) cremig pürieren; das in den Nüssen enthaltene Öl macht die Butter herrlich geschmeidig.

Unsere Favoriten: Mandelbutter und Cashewbutter.

TIPP
Falls sich Ihr Mixer bei der Herstellung der Nussbutter schwer tut, fügen Sie einfach ein paar Tropfen Olivenöl hinzu.

Dinkelbrot ohne Hefe

Für 1 großen Laib

500 g Vollkorn-Dinkelmehl
1 TL Himalajasalz
1 TL Natron
25 g Ziegenbutter
60 g rohe Walnüsse, gehackt
1 Ei
300 ml Schafsmilchjoghurt
2–3 EL Wasser

Das Natron ersetzt hier die Hefe und sorgt für eine dichte und doch leichte, köstliche Konsistenz des Brotes.

Den Backofen auf 220 Grad vorheizen.

Mehl, Salz und Natron in eine große Schüssel sieben. Mit den Fingerspitzen die Butter unter das Mehl reiben, sodass eine fein krümelige Masse entsteht. Dann die Walnüsse unterheben. Das Ei mit dem Joghurt verrühren und zu den Trockenzutaten geben. Alles zu einem geschmeidigen Teig verarbeiten; falls nötig etwas Wasser hinzufügen.

Den Teig zu einem runden Laib formen und auf ein gefettetes Blech setzen. Im Ofen 10 Minuten backen, dann die Temperatur auf 190 Grad reduzieren und weitere 30 bis 40 Minuten backen, bis der Laib schön aufgegangen ist und sich beim Klopfen an die Unterseite hohl anhört. Auf einem Kuchengitter abkühlen lassen.

Süßkartoffelbrot

Für 1 kleinen Laib

12 g frische Hefe
150 ml warmes Wasser
115 g Vollkorn-Dinkelmehl
100 g Roggenmehl
280 g Süßkartoffel, gerieben, gut ausgedrückt und trocken getupft
Sonnenblumenöl zum Fetten des Blechs

Süßkartoffeln machen das Backwerk schön feucht und süß.

Die Hefe mit der Hälfte des Wassers vermischen und zugedeckt etwa 15 Minuten an einen warmen Ort stellen, bis sich Blasen bilden.

Die beiden Mehlsorten und die Süßkartoffeln in einer Schüssel vermengen, in der Mitte eine Mulde formen und die Hefemischung sowie das restliche warme Wasser hinzufügen. Alles gut vermischen. Den Teig auf der dünn bemehlten Arbeitsfläche 10 Minuten durchkneten, in die Schüssel zurückgeben und zugedeckt 30 Minuten an einem warmen Ort gehen lassen, bis sich das Volumen verdoppelt hat.

Den Teig nochmals durchkneten, zu einem runden Laib formen, auf ein gefettetes Blech setzen und mit einem Tuch bedeckt weitere 30 Minuten gehen lassen. Den Backofen auf 170 Grad vorheizen. Das Brot 40 Minuten im Ofen backen, bis es schön aufgegangen ist. Auf einem Kuchengitter abkühlen lassen.

Dinkelbrot

Für 1 Laib (550 g)

225 g Dinkel-, Roggen-, Gersten- oder Kamutmehl
1 EL Backpulver
¼ TL Himalajasalz
1 EL Olivenöl
225 ml Wasser
1 EL Dattelsirup oder Melasse

Den Backofen auf 190 Grad vorheizen.

Die Trockenzutaten in einer großen Schüssel vermischen. Das Olivenöl in das Wasser einrühren, zum Mehl geben und alles zu einem dicken Teig verarbeiten. Diesen in eine kleine Kastenform (20 cm Länge) füllen und im Ofen 50 bis 55 Minuten backen, bis das Brot aufgegangen ist.

Nach der Hälfte der Backzeit die Oberseite des Brots mit Dattelsirup oder Melasse bestreichen, damit die Kruste eine schöne Färbung bekommt. Das Brot aus der Form stürzen und auf einem Kuchengitter abkühlen lassen.

Dinkel-Gewürz-Brot

Für 1 kleinen Laib

12 g frische Hefe
150 ml warmes Wasser
115 g Vollkorn-Dinkelmehl
100 g Roggenmehl
½ TL geröstete Fenchelsamen
½ TL Schwarzkümmel (Nigella)
½ TL Senfsamen
Sonnenblumenöl zum Fetten des Blechs

Dieses kernige Brot bekommt durch Gewürze unterschiedliche Aromen und ist ein toller Begleiter zu allen herzhaften Gerichten.

Die Hefe mit der Hälfte des Wassers vermischen und zugedeckt etwa 15 Minuten an einen warmen Ort stellen, bis sich Blasen bilden.

Die beiden Mehlsorten und die Gewürze in einer Schüssel vermengen, in der Mitte eine Mulde formen und die Hefemischung sowie das restliche warme Wasser hinzufügen. Alles gut vermischen. Dann den Teig auf der dünn bemehlten Arbeitsfläche 10 Minuten durchkneten, in die Schüssel zurückgeben und zugedeckt 30 Minuten an einem warmen Ort gehen lassen, bis sich das Volumen verdoppelt hat.

Den Teig nochmals rasch durchkneten und zu einem runden Laib formen. Diesen auf ein gefettetes Blech setzen und mit einem sauberen Geschirrtuch bedeckt weitere 30 Minuten gehen lassen.
Den Backofen auf 170 Grad vorheizen. Das Brot 40 Minuten im Ofen backen, bis es schön aufgegangen ist. Auf einem Kuchengitter abkühlen lassen.

Diese farbenfrohen Seiten zeigen, wie fröhlich und bunt Ihr Esstisch aussehen kann. Wer sagte da noch, vegetarische Küche würde aussehen und schmecken wie Pappe?

Rote-Bete-Walnuss-Dip

Für 3 bis 4 Portionen

250 g gegarte Rote Bete (Rande), grob zerkleinert
1–2 Knoblauchzehen, gepresst
1 kleines Bund Koriandergrün, grob gehackt
1 kleines Bund Petersilie, grob gehackt
50 g Walnüsse
3 TL Olivenöl extra vergine
2 TL Rotweinessig
Himalajasalz, schwarzer Pfeffer aus der Mühle

Die Kombination aus süßen und herben Aromen lässt einem das Wasser im Mund zusammenlaufen. Dieses Gericht ist ein toller kleiner Snack oder eine feine Vorspeise. *(Foto Seite 164)*

Rote Bete, Knoblauch, Koriander, Petersilie und Walnüsse im Mixer zu einer groben Paste pürieren. Diese in eine Schüssel geben, Olivenöl und Rotweinessig einrühren, salzen und pfeffern.

Mit Rohkost oder zu einem Salat servieren.

Geräucherter Auberginendip

Für 3 bis 4 Portionen

2 große Auberginen
2 EL Tahini
2 Knoblauchzehen
Saft von 1 Zitrone
Olivenöl zum Beträufeln
Gewürzsumach zum Bestreuen

GUT ZU WISSEN
Knoblauch unterstützt die Leberfunktion, und Tahini liefert reichlich des Antioxidans Selen und außerdem pflanzliches Eiweiß.

Um das rauchige Aroma dieses Dips zu erhalten, werden die Auberginen direkt über der Gasflamme, bei mittlerer Hitze auf der Herdplatte, auf dem Grill oder im sehr heißen Backofen gegart. Der Geruch der verkohlten Auberginenhaut ist genau das gewünschte Aroma.

Die Auberginen unter häufigem Wenden 5 Minuten rösten (siehe oben), bis sie sehr weich sind. Etwas abkühlen lassen, dann die Stängel entfernen und die Haut abschälen.

Die Auberginen zusammen mit Tahini, Knoblauch und Zitronensaft im Mixer geschmeidig pürieren.

Den Dip in eine Schüssel geben, mit etwas Olivenöl beträufeln und mit Gewürzsumach bestreuen. Mit weizenfreiem Brot oder Rohkost servieren.

Rohe Leinsamen-Cracker

Für 10 Cracker

♥♥♥

3 Karotten, grob gehackt
250 g Tomaten, grob gehackt
20 g Koriandergrün
80 ml Wasser
½ Frühlingszwiebel, fein gehackt
Saft von ½ Zitrone
1 Prise Himalajasalz
1 Prise gemahlener Kreuzkümmel
20 g rohe Leinsamen, 2 Stunden eingeweicht

Stellen Sie sich vor, Sie sind in Italien und die Düfte all der lokalen Köstlichkeiten steigen Ihnen in die Nase … Ganz genau so schmecken diese megagesunden Cracker und füllen Ihre Geschmacksknospen mit purer Liebe. (Foto Seite 165)

Karotten, Tomaten und Koriandergrün zusammen mit dem Wasser grob pürieren, dann in ein feines Sieb geben und gründlich abtropfen lassen. Das Fruchtfleisch in einer Schüssel mit Frühlingszwiebeln, Zitronensaft, Salz und Kreuzkümmel vermischen. Die Leinsamen abtropfen lassen und mit dem Rücken eines Holzlöffels so viel Flüssigkeit wie möglich ausdrücken. Dann die Leinsamen zu den anderen Zutaten geben und alles gut vermengen.

Die Mischung etwa 2 cm dick auf dem Blech des Dörrautomaten (Dehydrator) verteilen und 10 Stunden trocknen lassen oder wie auf Seite 54 beschrieben im Ofen trocknen. Ist die Masse getrocknet, in kleine Stücke brechen.

Spinat-Kichererbsen-Hummus

Für 4 Portionen

♥♥♥

400 g Kichererbsen aus der Dose, abgespült und abgetropft
60 g Spinat
1 EL Tahini
Saft von ½ Zitrone
2 EL Olivenöl
1 kleine Knoblauchzehe
etwa 125 ml Wasser

Kichererbsen sind die perfekte Basis für jedes Aroma, jedes Gewürz. Spinat bringt Farbe in diesen leckeren Dip. (Foto Seite 165)

Kichererbsen, Spinat, Tahini, Zitronensaft und Olivenöl in den Mixer geben, die Knoblauchzehe dazupressen und alles zu einer geschmeidigen Paste verarbeiten; nach und nach etwas Wasser dazugeben, bis der Dip die gewünschte cremige Konsistenz hat.

Desserts

Blaubeer-Polenta-Kuchen

Für 10 Portionen

♥♥

300 g Blaubeeren
4 große Eier
200 g Xylit (Birkenzucker)
1½ TL Vanilleextrakt
Mark von ¼ Vanilleschote
250 ml Sonnenblumenöl, zusätzlich Öl zum Fetten der Form
250 ml Apfelsaft
250 g weißes Dinkelmehl
110 g feinkörniger Polentagrieß
1 TL Backpulver

Dieser Kuchen ist ein echter Hingucker – einfach unwiderstehlich. Mit Vanilleeis serviert der pure Genuss! (Foto Seite 168/169)

Den Backofen auf 180 Grad vorheizen. Eine Springform von 24 cm Durchmesser fetten und den Boden mit Backpapier belegen. Die Blaubeeren darauf verteilen.

Die Eier mit Xylit, Vanilleextrakt und Vanillemark schaumig schlagen. Zuerst das Öl, dann den Apfelsaft darunterschlagen. Mehl, Polenta und Backpulver dazusieben und alles klumpenfrei vermengen. Den Teig in die Form geben und im Ofen 1½ Stunden backen. Wenn bei der Stäbchenprobe kein Teig mehr an dem in den Kuchen gesteckten Metallspieß hängen bleibt, ist der Kuchen gar.

Den Kuchen in der Form abkühlen lassen und dann mit Hilfe eines Tellers stürzen, sodass die Blaubeeren oben liegen. Vorsichtig das Backpapier abziehen.

Rohe Schokoladenmousse

Für 2 Portionen

1 EL Kokosöl
1 Avocado
1 TL Wasser
2 gehäufte EL rohes Kakaopulver
2 EL Agavensirup oder Honig oder mehr, nach Geschmack
Himbeeren oder Brombeeren zum Servieren

Probieren Sie diese »süße Mogelpackung« aus – und fragen Sie Ihre Gäste, welche gesunde Zutat wohl in dieser samtigen Creme steckt. Sie werden es niemals erraten!

Das Kokosöl über einem heißen Wasserbad zum Schmelzen bringen und anschließend zusammen mit dem Avocadofleisch und dem Wasser sehr fein pürieren. Kakaopulver und Agavensirup oder Honig hinzufügen und nochmals pürieren. Abschmecken und falls nötig noch etwas mehr Agavensirup dazugeben.

Die Mousse in eine Schüssel geben oder in zwei Schälchen verteilen und vor dem Servieren mindestens 1 Stunde kalt stellen.

Mit Himbeeren oder Brombeeren servieren.

Viel gesünder als die Konkurrenz und doch sooooo lecker!

Süßkartoffel-Schoko-Brownies

Für 8 Stück

♥

125 g Reismehl
75 g rohes Kakaopulver
¼ TL Backpulver
175 g Süßkartoffel, gegart und zu Brei zerquetscht
250 g Dattelsirup
175 g Ziegenbutter, geschmolzen
1 Ei
¼ TL Vanilleextrakt

Perfekte Brownies, auch gesunde, müssen herrlich saftig sein. Unsere Geheimzutat? Süßkartoffeln! (Foto Seite 172)

Den Backofen auf 180 Grad vorheizen.

Reismehl, Kakaopulver und Backpulver in eine Schüssel sieben.

Süßkartoffelbrei, Dattelsirup, geschmolzene Butter, Ei und Vanilleextrakt in einer separaten Schüssel gründlich vermengen. Dann die Trockenzutaten einrühren.

Den Teig in eine mit Backpapier ausgelegte rechteckige Form füllen und im Ofen 20 bis 25 Minuten backen, bis die Oberfläche fest, der Kern aber noch weich ist.

In der Form abkühlen lassen. Dann in 8 Stücke schneiden.

WAS IST ROHES KAKAOPULVER?
Dies ist es eines der verblüffendsten »Superfoods«. Es ist reich an Antioxidantien, die unseren Körper gegen alle Krankheiten stärken.

Pochierte Birnen mit Sternanissirup und Cashewcreme

Für 4 Portionen

♥♥

4 reife, aber feste Birnen, geschält, geviertelt und entkernt
5 Sternanis
30 g Agavensirup
150 g rohe Cashewkerne
½ TL Vanilleextrakt

Ein perfektes, einfaches Dessert und ein Leckerbissen für alle, die nach dem Essen ihre Geschmacksknospen klären wollen.
(Foto Seite 173)

Den Backofen auf 160 Grad vorheizen.

Die Birnenviertel nebeneinander in eine Auflaufform legen. So viel Wasser dazugießen, dass die Birnen zur Hälfte im Wasser stehen. Sternanis hinzufügen und das Ganze mit 2 Teelöffel Agavensirup beträufeln. Im Ofen 25 Minuten backen.

In der Zwischenzeit die Cashewkerne zusammen mit dem Vanilleextrakt und 225 ml Wasser im Mixer cremig pürieren und in eine Schüssel geben.

Wenn die Birnen weich geschmort sind, mit einem Schaumlöffel aus der Form nehmen und beiseitestellen. Die Hälfte des Suds mit 2 der Sternanis in einen Topf gießen, den restlichen Agavensirup hinzufügen und bei hoher Temperatur unter ständigem Rühren 5 Minuten zu einer sirupartigen Masse einkochen lassen.

Die Birnen mit dem Sirup übergießen, mit der Cashew-Creme garnieren und warm servieren.

GUT ZU WISSEN
Die Samenstände des Sternanis besitzen antibakterielle und antivirale Eigenschaften und werden in der asiatischen Heilkunst seit Jahrtausenden verwendet.

Schokoladen-Ganache

Für 12 bis 14 Portionen

Schokoladensauce

400 g rohes Kakaopulver
2 TL Zimt
950 ml Agavensirup
2 TL Himalajasalz
2 TL Vanilleextrakt
125 g Kokosöl

Ganache

1 Portion Schokoladensauce (siehe oben)
3 EL Macapulver
1 EL Spirulina
1 TL Zimt
75 g geschälte Hanfsamen

Dies ist das üppigste, hemmungsloseste Rezept des ganzen Buches. Genießen Sie es trotzdem ohne Reue – denn es steckt voller wertvoller »Superfoods«.

Für die Schokoladensauce alle Zutaten im Mixer glatt rühren.

Für die Ganache die Schokoladensauce mit Macapulver, Spirulina und Zimt im Mixer glatt rühren. Dann die Masse in eine mit Backpapier ausgelegte Springform von 22 cm Durchmesser füllen und mit den Hanfsamen bestreuen.

Die Masse 20 Minuten im Kühlschrank fest werden lassen. Dann in Stücke aufschneiden und genießen.

GUT ZU WISSEN

Hanfsamen stecken voller essenzieller Fette, Omega-3- und Omega-6-Fettsäuren – und das im gesündestmöglichen Verhältnis. Und mehr noch: Hanfsamen sind eine reiche Quelle vielfach ungesättigter Fettsäuren, insbesondere Gamma-Linolensäure.

WAS IST MACAPULVER?

Dieses Antioxidans soll den Hormonhaushalt regulieren, das Immunsystem stärken, für Energie und Leistungsfähigkeit sorgen. Das süße Pulver aus der getrockneten, gemahlenen Wurzelknolle der peruanischen Macapflanze findet vor allem beim Backen Verwendung. Vorsicht: Bei Brustkrebs meiden!

Zitronen-Mohn-Mandel-Kuchen

Für 10 Portionen

♥♥

4 Eier
60 g Honig
200 g vegane Butter, zusätzlich Butter zum Fetten der Form
250 g gemahlene Mandeln
1 TL Backpulver
fein abgeriebene Schale und Saft von 3 kleinen oder 2 großen Zitronen
2 EL Mohn
nach Belieben geschmolzene rohe Schokolade zum Glasieren

Dies ist schlicht und einfach mein Lieblingskuchen – und das nicht nur, weil er so schnell und einfach zuzubereiten ist. Einfach ein paar Kerzen draufstecken – und fertig ist der perfekte Geburtstagskuchen!

Den Backofen auf 160 Grad vorheizen.

Eier und Honig in einer Schüssel verrühren.

Butter und gemahlene Mandeln in einer separaten Schüssel schaumig rühren. Dann nach und nach die Ei-Honig-Masse einrühren, sodass ein glatter Teig entsteht. Backpulver, Zitronenschale und -saft dazugeben und gründlich verrühren, dann den Mohn einrühren.

Den Teig in eine gefettete Springform (20 bis 25 cm Durchmesser) geben und im Ofen 30 Minuten goldbraun backen (bräunt der Kuchen zu schnell, mit Alufolie abdecken). Gibt die Oberfläche des Kuchens auf Fingerdruck federnd nach, ist er gar. Oder die Stäbchenprobe machen: Wenn kein Teig mehr an einem in die Mitte des Kuchens gesteckten Metallspieß hängen bleibt, ist der Kuchen gar.

Auf einem Kuchengitter abkühlen lassen und anschließend, falls gewünscht, mit geschmolzener Schokolade glasieren.

TIPPS

- **Lassen Sie den Mohn weg und ersetzen Sie die abgeriebene Zitronenschale durch die fein abgeriebene Schale von 2 kleinen Orangen – dann haben Sie einen Orangen-Mandel-Kuchen.**
- **Für eine Schokoladenvariante lassen Sie den Mohn weg, geben 50 g rohes Kakaopulver hinzu und reduzieren die gemahlenen Mandeln auf 200 g.**

Mit diesen Kuchen und Desserts gehört das Wort »Sünde« der Vergangenheit an. Was gesund ist, kann gar keine Sünde sein!

Kokos-Schokomousse-Kuchen

Für 10 bis 12 Portionen

♥

- 100 g Kokosmehl
- 50 g rohes Kakaopulver, ½ EL zusätzlich zum Bestäuben
- 500 ml Hanfmilch
- 120 g Olivenöl-Brotaufstrich (laktosefrei), zusätzlich zum Fetten der Form
- 130 g Agavensirup
- 2 EL Yaconsirup
- 2 EL Mandelbutter
- 4 Eier
- 1 TL Vanilleextrakt

Für diesen kompakten, saftigen Kuchen gibt es keine Worte! Backen Sie ihn als flache Torte wie abgebildet, oder verwenden Sie eine kleinere Form, sodass der Kuchen höher und eindrucksvoller wird. *(Foto Seite 180)*

Den Backofen auf 150 Grad vorheizen.

Kokosmehl und Kakaopulver in eine Schüssel sieben.

Hanfmilch, Olivenöl-Margarine, die beiden Sirups, Mandelbutter, Eier und Vanilleextrakt im Mixer etwa 1 Minute gründlich vermischen, sodass sich an der Oberfläche etwas Schaum bildet. Dann diese Masse behutsam unter die Trockenzutaten heben, sodass ein dicker Teig entsteht.

Den Boden einer Springform mit Backpapier belegen, Boden und Rand dünn fetten. Den Teig einfüllen und je nach Dicke des Kuchens im Ofen 30 bis 50 Minuten backen. Je dicker bzw. höher der Kuchen, desto länger braucht er – prüfen Sie nach 30 Minuten, ob der Kuchen gar ist, indem Sie einen Metallspieß in die Mitte des Kuchens stechen. Bleiben keine Teigspuren daran haften, ist der Kuchen gar. Andernfalls weiter backen und alle 10 Minuten den Stäbchentest machen. Beim Abkühlen wird der Kuchen noch fester.

Den Kuchen 30 Minuten in der Form abkühlen lassen, dann auf eine Kuchenplatte setzen. Warm oder kalt und nach Belieben dünn mit Kakaopulver bestäubt servieren. Dazu passt eine unserer Eiscremes oder ein Sorbet (siehe Seite 183 bis 189).

WAS IST YACONSIRUP?

Dieser dunkle, dickflüssige, karamellartige Sirup ist eine Alternative zu Zucker. Yaconsirup wird aus der Yaconwurzel gewonnen und steckt voller Fructo-Oligosaccharide, also natürlicher Mehrfachzucker, die die Verdauung unterstützen und nur langsam vom Körper aufgenommen werden. Außerdem enthält er viel Vitamin A, C und E.

Lychee-Mango-Sorbet mit Basilikum

Für 4 bis 6 Portionen

200 g Lychees, geschält und entsteint
200 g Mangofruchtfleisch, gehackt
1 TL abgeriebene Limettenschale
2 EL Limettensaft
150 ml Agavensirup
225 ml Wasser
3 gehäufte EL Basilikumblätter

Dieses Sorbet stellt alle anderen, die Sie jemals probiert haben, in den Schatten. Man braucht nicht kiloweise Zucker, um ein himmlisch süßes Dessert zuzubereiten. *(Foto Seite 181)*

Alle Zutaten im Mixer glatt pürieren. In der Eismaschine gefrieren lassen. Dann in einen frostbeständigen Behälter füllen und im Tiefkühler fest werden lassen.

Wenn Sie keine Eismaschine besitzen, geben Sie die Mischung in einen frostbeständigen, flachen Behälter und stellen diesen in den Tiefkühler. Sobald die Masse an den Rändern gefriert, rühren Sie die Masse mit einer Gabel kräftig durch, um die Eiskristalle aufzubrechen. Dann im Tiefkühler durchfrieren lassen.

GUT ZU WISSEN
Basilikum besitzt viel Vitamin C sowie ätherische Öle, die die Haut schützen. Dies erklärt vielleicht, warum Basilikum in heißen Ländern zu Hause ist – die Natur liefert immer das, was gebraucht wird und wo es gebraucht wird.

Schäfers Schokoladen-Eiscreme

Für 6 bis 8 Portionen

♥

350 ml Ziegenmilch
150 g Xylit (Birkenzucker)
3 große Eigelb
475 ml Schafjoghurt
1 TL Vanilleextrakt
½ TL Vanillepulver
3 EL rohes Kakaopulver
1 EL Mesquitepulver
2 EL rohe Kakaobutter, geschmolzen

Ihren Namen erhielt diese Eiscreme, weil sie mit Schafjoghurt zubereitet wird. Deshalb ist sie auch besonders geschmeidig und cremig. Genießen Sie dieses Schokoeis – Sie dürfen es guten Gewissens!

Die Ziegenmilch in einem Topf mit dickem Boden mit 100 g Xylit verrühren und köcheln lassen, bis sich das Xylit aufgelöst hat.

Die Eigelbe in einer großen hitzebeständigen Schüssel mit dem restlichen Xylit verrühren. Die heiße Milchmischung nach und nach unter ständigem Rühren hinzufügen. Dann die Masse zurück in den Topf geben und unter ständigem Rühren bei mittlerer bis geringer Temperatur 3 Minuten erhitzen, bis sie eindickt und an einem Löffelrücken haften bleibt. Nicht zum Kochen kommen lassen! Den Topf vom Herd nehmen und die Creme unter gelegentlichem Rühren abkühlen lassen.

In der Zwischenzeit Joghurt, Vanilleextrakt und Vanillepulver in einer großen Schüssel verrühren. Nach und nach die abgekühlte Creme unterrühren.

Kakaopulver und Mesquitepulver unter die geschmolzene Kakaobutter rühren und behutsam unter die Crememischung rühren. Die Mischung in der Eismaschine gefrieren lassen. Dann in einen frostbeständigen Behälter füllen und im Tiefkühler fest werden lassen.

Wenn Sie keine Eismaschine besitzen, geben Sie die Mischung in einen frostbeständigen, flachen Behälter und stellen diesen in den Tiefkühler. Sobald die Masse an den Rändern gefriert, rühren Sie die Masse mit einer Gabel kräftig durch, um die Eiskristalle aufzubrechen. Dann im Tiefkühler durchfrieren lassen.

WAS IST XYLIT?
Das natürlich in vielen Gemüsen und Früchten sowie in der Rinde bestimmter Holzarten (z. B. Birke) vorkommende Xylit hat von allen Zucker-Alternativen den niedrigsten Glykämischen Index (GI). Es besitzt eine hohe Süßkraft und ist ausgezeichnet zum Backen geeignet.

WAS IST MESQUITEPULVER?
Das protein- und ballaststoffreiche Pulver wird aus den Schoten des Mesquite- oder Süßhülsenbaums gewonnen. Es schmeckt süßlich-nussig, nach Zimt und Karamell.

Bananen-Nuss-Eiscreme

Für 4 bis 6 Portionen

♥

225 ml Mandelmilch
(siehe Seite 57)
200 g Xylit (Birkenzucker)
475 ml Schafjoghurt
¼ TL Xanthangummi
1½ EL Agavensirup
1½ TL Zitronensaft
2 Bananen, zerkleinert

Nussbrösel

1 TL Kokosöl, geschmolzen
4 EL Paranussbutter
1 TL Agavensirup
50 g rohe Pekannusskerne, gehackt
3 frische Datteln, entsteint und
gehackt
1 Prise Himalajasalz

Vielleicht ein bisschen aufwendig zuzubereiten, aber die Mühe lohnt sich definitiv, denn das Ergebnis schmeckt wie köstlichstes italienisches Eis.

Für die Brösel alle Zutaten in einer Schüssel verrühren und die Masse auf einem flachen Backblech verstreichen. Mit Frischhaltefolie abdecken und 40 Minuten in den Kühlschrank stellen, bis die Masse fest ist. Anschließend zerbröseln.

Mandelmilch und Xylit in einem Topf verrühren und unter ständigem Rühren zum Köcheln bringen, bis sich das Xylit aufzulösen beginnt. Abkühlen lassen. Dann die Mischung nach und nach in den Joghurt rühren; nach etwa der Hälfte das Xanthangummi hinzufügen. Anschließend Agavensirup und Zitronensaft und zuletzt die Bananen hinzufügen.

Die Mischung in der Eismaschine gefrieren lassen. Dann in einen frostbeständigen Behälter füllen und im Tiefkühler fest werden lassen. Wenn die Eiscreme schon fest, aber noch nicht zu hart ist, die Nussbrösel hinzufügen.

Wenn Sie keine Eismaschine besitzen, geben Sie die Mischung in einen frostbeständigen, flachen Behälter und stellen diesen in den Tiefkühler. Sobald die Masse an den Rändern gefriert, rühren Sie die Masse mit einer Gabel kräftig durch, um die Eiskristalle aufzubrechen. Dann im Tiefkühler durchfrieren lassen.

Erdbeer-Kokos-Eis

Für 4 Portionen

250 g Erdbeeren
225 ml Kokoscreme
125 ml Kokoswasser
2 EL Agavensirup
¼ TL Vanillepulver
½ TL Xanthangummi
½ TL Zitronensaft

Selbst Eis zubereiten ist wirklich keine Hexerei. Es braucht nur ein bisschen Geduld, doch dieses Rezept ist kinderleicht. Und die Erdbeerstücke geben dem Ganzen Pfiff.

50 g der Erdbeeren zerkleinern und behutsam zerdrücken, beiseitestellen.

Die restlichen Zutaten im Mixer glatt pürieren, die Mischung in eine Schüssel geben und die zerdrückten Erdbeeren unterrühren. Die Masse in der Eismaschine gefrieren lassen. Anschließend in einen frostbeständigen Behälter füllen und im Tiefkühler fest werden lassen. Wenn Sie keine Eismaschine besitzen, geben Sie die Mischung in einen frostbeständigen, flachen Behälter und stellen diesen in den Tiefkühler. Sobald die Masse an den Rändern gefriert, rühren Sie die Masse mit einer Gabel kräftig durch, um die Eiskristalle aufzubrechen. Dann im Tiefkühler durchfrieren lassen.

Dieses Eis ist Gaumenschmaus und Augenweide zugleich – und aus nur vier Zutaten kinderleicht zuzubereiten.

Blaubeer-Eiscreme

Für 4 Portionen

100 g rohe Cashewkerne
180 g tiefgekühlte Blaubeeren
80 ml Wasser
2 EL Agavensirup

Alle Zutaten im Mixer glatt pürieren. Die Masse in der Eismaschine gefrieren und anschließend im Tiefkühler fest werden lassen.

Wenn Sie keine Eismaschine besitzen, geben Sie die Mischung in einen frostbeständigen, flachen Behälter und stellen diesen in den Tiefkühler. Sobald die Masse an den Rändern gefriert, rühren Sie die Masse mit einer Gabel kräftig durch, um die Eiskristalle aufzubrechen. Dann im Tiefkühler durchfrieren lassen.

Register und Rezeptverzeichnis

Ein großes Dankeschön von Tash und Vix

Großer Dank gebührt Jacqui Small, die unsere Vision erkannt und dieses Buch ermöglicht hat. Dank an Lisa Linder, dank deren großartigem fotografischem Talent unsere Rezepte genauso köstlich aussehen, wie sie schmecken. Dank an das gesamte Produktionsteam für seine Ausdauer, Geduld und Freundlichkeit. Vielen Dank, Kelly (Mummy), dass ich – ohne dein Wissen – dein Geschirr und Besteck für die Fotos benutzen durfte! Eine dicke Umarmung an alle Landwirte, Obst- und Gemüseanbauer, die uns für unsere Kreationen ihre köstlichsten Produkte zur Verfügung stellten.

Tash sagt: »Ich sende Hayley North all meine Liebe für ihr Mitwirken an diesem Buch. Ich danke all meinen Freunden dafür, dass sie so großartige Versuchskaninchen sind und bei meinen Essen immer die richtigen Geräusche machen. Meinem Vater Dank dafür, dass er mich via Skype unterhält, wenn ich mal allein zu Hause am Kochen bin. Dank an die beiden wunderbaren Obst- und Gemüsestände an der Portobello Road für das immer köstliche, aromatische Gemüse und die Erlaubnis, dort Fotos zu machen. Und eine dankbare Umarmung für Joshi, der mir vermittelte, wie toll eine ›basische Lebensweise‹ sein kann.« Vix sagt: »Danke an Robert Young, den Pionier des Säure-Basen-Gleichgewichts. Ich hatte das Glück, ihn vor einigen Jahren persönlich kennen zu lernen; seine Ausstrahlung und sein umfassendes Wissen haben mich enorm inspiriert. Dank an die vielen Kunden und Kundinnen, die mir ihre Rückmeldungen zur Umstellung ihrer Ernährungsweise nach basischen Prinzipien gegeben und mir die Ergebnisse vor Augen geführt haben. Dank auch an Mutter Natur höchstpersönlich, die uns immer das liefert, was wir für unseren Fortbestand und unsere Ernährung brauchen.«

Bezugsquellen von Lebensmitteln

Die nicht im normalen Handel erhältlichen Zutaten in unseren Rezepten finden Sie in gut sortierten Bioläden und Reformhäusern oder bei Internetanbietern von Bioprodukten, Superfoods und Ähnlichem.

Die Originalausgabe dieses Buches ist unter dem Titel »Honestly Healthy« 2012 bei Jacqui Small, einem Imprint von Aurum Press Limited, London, erschienen.

Aus dem Englischen übersetzt von Kirsten Sonntag

2. Auflage, 2013

AT Verlag, Aarau und München
Fotos: Lisa Linder
Gestaltung: Penny Stock
Printed in China

ISBN 978-3-03800-702-9

www.at-verlag.ch